Bernett/Keel Mond, Stier und Kult am Stadttor

ORBIS BIBLICUS ET ORIENTALIS

Im Auftrag des Biblischen Instituts
der Universität Freiburg Schweiz
des Ägyptologischen Seminars der Universität Basel
des Instituts für Vorderasiatische Archäologie
und Altorientalische Sprachen der Universität Bern
und der Schweizerischen Gesellschaft
für Orientalische Altertumswissenschaft

herausgegeben von
Othmar Keel und Christoph Uehlinger

Zur Autorin:

Monika Bernett studierte Geschichtswissenschaften und Germanistik in München. 1994 Promotion in Alter Geschichte bei Prof. Christian Meier. Von 1990 bis 1994 war sie wissenschaftliche Mitarbeiterin von Prof. H.-W. Kuhn, Institut für neutestamentliche Theologie/Universität München. Seit 1994 ist sie wissenschaftliche Assistentin am Institut für Alte Geschichte an der Universität München. Seit 1990 Mitarbeit an den Ausgrabungen von Bethsaida, seit 1994 Mitglied des Bethsaida Excavations Project.
Veröffentlichungen: Causarum cognitio. Ciceros Analysen zur politischen Krise der späten römischen Republik (1995). «An Egyptian Figurine of Pataikos at Bethsaida», Israel Exploration Journal 1997 (gemeinsam mit R. Arav); ein Artikel zur syro-palästinischen Palastarchitektur in der Eisenzeit II (gemeinsam mit R. Arav) soll demnächst ebenfalls im Israel Exploration Journal erscheinen.
Zur Zeit arbeitet M. Bernett an ihrer Habilitationsschrift über den Kaiserkult in Iudaea und dessen politische Bedeutung für die Geschichte Iudaeas im 1. Jh. n. Chr.

Zum Autor:

Othmar Keel (1937) studierte Theologie, Exegese und altorientalische Religions- und Kunstgeschichte in Zürich, Freiburg i.Ü., Rom, Jerusalem und Chicago. Er ist seit 1969 Professor für Exegese des Alten Testaments und für Biblische Umwelt an der Theologischen Fakultät der Universität Freiburg/Schweiz.
Wichtigste Buchveröffentlichungen: Feinde und Gottesleugner. Studien zum Image der Widersacher in den Individualpsalmen (Stuttgart 1969); Die Welt der altorientalischen Bildsymbolik und das Alte Testament (Zürich/Neukirchen 1972, ⁵1996; engl. 1978, ²1997; holländisch 1984); Jahwe-Visionen und Siegelkunst (Stuttgart 1977); Jahwes Entgegnung an Ijob (Göttingen 1978; französisch 1993); Das Hohelied (Zürich 1986; englisch 1994; polnisch 1997; französisch 1997); Das Recht der Bilder, gesehen zu werden (Freiburg Schweiz-Göttingen 1992). Corpus der Stempelsiegel aus Palästina/Israel von den Anfängen bis zur Perserzeit. Einleitung und Katalog Band I (OBO. SA 10 und 13), Freiburg Schweiz-Göttingen 1995 und 1997).
Zusammen mit M. Küchler, Autor und Herausgeber von Orte und Landschaften der Bibel. Ein Handbuch und Studienreiseführer zum Heiligen Land. Band I–II (Zürich/Göttingen 1982 und 1984); zusammen mit H. Keel-Leu, S. Schroer u.a., Studien zu den Stempelsiegeln aus Palästina/Israel I–IV, OBO 67, 88, 100 und 135 (Freiburg Schweiz-Göttingen 1985, 1989, 1990 und 1994); zusammen mit Ch. Uehlinger, Altorientalische Miniaturkunst (Mainz-Freiburg/Schweiz 1990; ²1996); Göttinnen, Götter und Gottessymbole. Neue Erkenntnisse zur Religionsgeschichte Kanaans und Israels aufgrund bislang unerschlossener ikonographischer Quellen (Freiburg i.Br. 1992, ⁴1998).

Orbis Biblicus et Orientalis   161

Monika Bernett / Othmar Keel

Mond, Stier und Kult am Stadttor

Die Stele von Betsaida (et-Tell)

Unter Mitarbeit von Stefan Münger

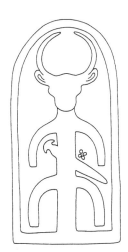

Universitätsverlag Freiburg Schweiz
Vandenhoeck & Ruprecht Göttingen

Die Deutsche Bibliothek – CIP-Einheitsaufnahme

Bernett, Monika:
Mond, Stier und Kult am Stadttor: die Stele von Betsaida (et-Tell) / Monika Bernett, Othmar
Keel. Unter Mitarb. von Stefan Münger. –
Freiburg, Schweiz: Univ.-Verl.; Göttingen: Vandenhoeck und Ruprecht, 1998
  (Orbis biblicus et orientalis; 161)
  ISBN 3-7278-1176-5 (Univ.-Verl.)
  ISBN 3-525-53798-0 (Vandenhoeck & Ruprecht)

Veröffentlicht mit Unterstützung des Hochschulrats Freiburg Schweiz
und des Rektorats der Universität Freiburg Schweiz

Die Druckvorlagen wurden vom Autor
als reprofertige Dokumente zur Verfügung gestellt

© 1998 by Universitätsverlag Freiburg Schweiz
    Vandenhoeck & Ruprecht Göttingen

Paulusdruckerei Freiburg Schweiz

ISBN 3-7278-1176-5 (Universitätsverlag)
ISBN 3-525-53798-0 (Vandenhoeck & Ruprecht)

INHALTSVERZEICHNIS

Vorwort

Der Ruinenhügel *et-Tell* liegt ca. 2,3 km vom heutigen Nordende des Gennesaret-Sees und ca. 1 km östlich des Jordan. Edward Robinson soll den Tell schon 1838 als das neutestamentliche Betsaida erkannt haben.[1] Ganz klar hat Gustaf Dalman *et-Tell* mit Betsaida-Julias identifiziert.[2] Das „Bethsaida Excavations Project"[3], das seit 1991 unter der Leitung von Rami Arav und Richard A. Freund, beide University of Nebraska at Omaha, auf dem Tell gräbt, hat diese Identifizierung mit zusätzlichen archäologischen Argumenten (frührömische und hellenistische Schichten) übernommen und geht von der Annahme aus, der See hätte sich vor 2000 Jahren weiter nach Norden erstreckt, als dies heute der Fall ist. Die Überraschung war, nicht nur eine hellenistisch-römische, sondern auch eine bedeutende eisenzeitliche Stadt zu finden (Levels 4-6; ca. 1000-600).[4] Rechts vom äusseren Toreingang wurde im Juni 1997 in einer Schicht des ausgehenden 8. Jh. v. Chr. ein fast 1 m hohes Podium mit zwei Stufen entdeckt. Auf dem Podium befand sich ein Bassin, hinter dem Bassin eine ikonische Stele, im Bassin drei zerbrochene Räuchertassen. Links vom Podium, unmittelbar neben dem Toreingang, stand eine anikonische Stele. Ca. 7 m nordöstlich des Podiums befand sich frei auf dem Platz eine weitere anikonische Stele. Eine dritte lag beim inneren Toreingang. Dieses Ensemble stellt die komplexeste und kompletteste bisher in der südlichen Levante gefundene Kultstätte an einem Stadttor aus der Eisenzeit II dar. Sie ist für die syrisch-palästinische Religionsgeschichte, aber auch für die Bibelwissenschaft – im Hinblick auf Texte wie 2 Kön 23,8, Ez 8,3-5, Ps 121,8 usw. – von grossem Interesse. Besondere Aufmerksamkeit verdient die merkwürdige Ikonographie der Bildstele im Hinblick auf die Kunst- und Ikonographiegeschichte der Levante.

Autorin und Autor danken dem archäologischen Direktor der Ausgrabungen von Betsaida, Dr. Rami Arav, und dem Leiter des „Bethsaida Excavations Project", Prof. Richard Freund, für die Erlaubnis, die Kultstätte und besonders die Stele in der vorliegenden *editio princeps* zu publizieren und die interessierten Kreise so schnell und möglichst umfassend mit dem wichtigen Fund und den damit aufgeworfenen Problemen bekannt zu

---

[1] Arav/Freund 1995, XIVf. Robinson unterscheidet einer Tradition entsprechend, die sich seit dem 12. Jh. n. Chr. nachweisen lässt, zwischen einem galiläischen und einem gaulanitischen Betsaida. Das galiläische sucht er in *eṭ-Ṭabgha* (1856, II 404-406, III 358f), das gaulanitische auf *et-Tell* (1856, II 412-414).

[2] Dalman 1924, 173f.

[3] Zu den beteiligten Institutionen vgl. Arav/Freund 1995, II.

[4] Arav/Freund 1995, 6.

VIII

machen. Dass dies in so kurzer Zeit geschehen konnte, ist u.a. der steten und geduldigen Bereitschaft Dr. Aravs zu Kooperation und Information zu verdanken, was bei archäologischen Projekten keine Selbstverständlichkeit darstellt und deshalb besonders hervorzuheben ist. Zu danken haben wir auch Charleen Green, ebenfalls University of Nebraska at Omaha und derzeit Restauratorin der Keramik von Betsaida vor Ort, für ihre hilfreichen Dienste. Sie hat aufgrund unseres speziellen Interesses die Räuchertassen der Kultstätte prioritär bearbeitet, uns ihre Ergebnisse umgehend zur Verfügung gestellt und noch wichtige Detailmessungen am Tor und an den Stelen vorgenommen.

Dr. Jutta Börker-Klähn, Berlin, Osnat Misch-Brandl, Jerusalem, vor allem aber Dr. Ursula Seidl, München, und die Syrische Altertümerverwaltung haben uns Photos und wichtige Informationen zur Verfügung gestellt. Jürg Eggler, Dr. Thomas Staubli und PD Dr. Christoph Uehlinger, alle drei Freiburg/Schweiz, und Prof. Dr. Benjamin Sass, Tel Aviv, haben uns auf relevantes Material aufmerksam gemacht. Barbara Connell, Zürich, verdanken wir die Rekonstruktionszeichnung (Abb. 10). Inés Haselbach, Freiburg/Schweiz, hat die Zeichnungen von Abb. 14, 43, 45, 52b, 59, 66-70 und 74a und Hildi Keel-Leu die von Abb. 20-22, 27, 30-32, 36-37, 39, 41, 46, 50, 61, 63, 72 und 116-117 eigens für diesen Band angefertigt. Die übrigen Abbildungen sind den in den Fussnoten angegebenen Publikationen entnommen. Inés Haselbach hat zudem das Layout des Abbildungsteils besorgt.

Stefan Münger, Freiburg/Schweiz, hat am archäologischen Teil mitgearbeitet und das Ganze formatiert. Christoph Uehlinger hat sehr genau Korrektur gelesen und verhindert, dass eine Reihe von Schönheitsfehlern, Inkonsequenzen und Lücken stehengeblieben sind.

Die Abschnitte 1.1 und 2 sind in einer gemeinsamen Arbeitswoche der Autorin und des Autors Ende Oktober 1997 in Freiburg entstanden und daselbst in einer Seminarsitzung diskutiert worden. In der Folge haben die Autorin, der hauptsächlich die Teile 1.2 und 4.1 zu verdanken sind, und der Autor, der primär die Teile 3, 4.2 und 5 schrieb, ihre Bemühungen und Ergebnisse mittels unzähliger E-mails koordiniert. Die Schwierigkeit des Themas und die Tatsache, dass das Buch neben all den üblichen akademischen Verpflichtungen eines normalen Wintersemesters in wenigen Monaten entstanden ist, haben uns gezwungen, manche Diskussion vielleicht etwas zu früh abzubrechen. Dieser Preis scheint uns allerdings nicht zu hoch, für das kleine geistige Abenteuer, den interessierten Kreisen Fund und Interpretation innert sehr kurzer Zeit vorlegen zu können.

Anfangs März, 1998
Monika Bernett, München und Othmar Keel, Freiburg/Schweiz

1. Die Stele und ihr archäologischer Kontext

1.1. Die Stele (**Abb. 1a-e**)

OBJEKT: Die Stele hat die Form eines oben abgerundeten Quaders. Die Rückseite und die Schmalseiten sind glatt. Die Vorderseite ist in erhabenem Relief ausgeführt. Das figurative Motiv wird von einer Leiste umgeben, die dem Rand der Stele entlangläuft und ihre Form nachbildet. Die Randleiste ist an der Basis ungefähr doppelt so dick wie an den Seiten. Die Stele ist vollständig erhalten, wenn auch in fünf Teile zerbrochen. Sie ist aus lokalem Basalt hergestellt und misst 115 x 59 x 31 cm. Die Bildkomposition selber misst 102 x 44 x 1,5 (Höhe des Reliefs) cm.

DARSTELLUNG: Das figurative Motiv scheint aus mehreren Elementen zusammengesetzt. Seine Längsachse bildet ein rechteckiger Pfosten, der aus der unteren Randleiste gleichsam herauswächst und dieser in der Breite entspricht. Von der Mitte und dem oberen Ende des Pfostens gehen je zwei symmetrisch angeordnete Bogen aus, die zusammen je eine halbe, nach unten offene Ellipse bilden. Die Enden des unteren ellipsoiden Bogens berühren die Randleiste nicht. Zwischen den beiden Bogen liegt diagonal über dem Pfosten, von links oben nach rechts unten, ein spitz auslaufendes Schwert mit halbmondförmigem Knauf. In dem stumpfen Winkel, der von dem unteren Teil des Schwerts und dem Pfosten gebildet wird, sind vier Kugeln, die eine Art ‚Rosette' bilden. Am oberen Ende des Pfostens sitzt auf einer Art Hals ein *en face* dargestellter Rinderkopf (βουκεφάλιον) mit ungewöhnlich langen und schmalen, nach oben gebogenen Ohren. Die Augen treten an den Seiten hervor und sind plastisch herausgehoben. Die langen Hörner schliessen sich fast zu einem Kreis.

DATIERUNG (aufgrund stilistischer und ikonographischer Kriterien): Die Form der Stele und die Randleiste finden sich gleich oder mindestens ähnlich bei den Stelen mit dem Mondemblem von Harran[5] und bei neuassyrischen Stelen[6] vom Ende des 9. Jh. bis zum Anfang des 7. Jh. Mit den Mondstelen hat diejenige von Betsaida den emblematischen Charakter gemeinsam. Das Hauptmotiv ist weder eine anthropomorphe Figur noch ein Tier noch ein Mischwesen. Vielmehr handelt es sich um eine Kombination aus figurativen (Stierkopf, Schwert) und abstrakten Elementen (Pfosten mit Bogen, Kugeln). Bei spätluwischen Reliefs des gleichen Zeitraums findet

---

[5] Vgl. Keel 1994, 179-181 Abb. 1-2. 4-6.
[6] Vgl. Börker-Klähn 1982, Abb. 161. 164. 175. 217-219. 222. 232.

sich auch mehrmals die für altorientalische Flachbilder ungewöhnliche Frontaldarstellung des Kopfes bei Menschen, Mischwesen und Tieren.[7] Diese Kriterien und der Fundkontext (s.o.) legen eine Datierung der Stele ins 9./8. Jh. nahe.

SAMMLUNG: Israel-Museum, Jerusalem; Inventar-Nummer der Israel Antiquities Authority 1997-3451.

FUNDKONTEXT: s. Abschnitt 1.2.

BIBLIOGRAPHIE: Misch-Brandl 1997, 9 (Zeichnung und kurzer Text); Arav/Freund 1998, 42 (Photo und kurzer Text).

1.2. Der archäologische Kontext

Die Stele wurde in einer Nische am tiefen Rücksprung des nördlichen Turms[8] entdeckt und befindet sich so in unmittelbarer Nähe des äusseren Toreingangs (**Abb. 2**: Plan der Toranlage). Sie ist Teil einer *in situ* aufgefundenen Gesamtanlage, die einen Grossteil des nördlichen Rücksprungs vor dem Tor einnimmt (M 53/54). Diese besteht aus:
- einem quadratischen Podium,[9] zu dem zwei Stufen hinaufführen (**Abb. 3**),[10]
- einem rechteckigen Basaltbassin mit locherartiger Vertiefung[11] auf diesem Podium; das Bassin war in eine Steinpflasterung eingelassen (**Abb. 4**);
- der Stele (Abb. 1a-e).

---

[7] Vgl. Börker-Klähn 1982, Abb. 283 (Azaz). Orthmann 1971, Tf. 3a-c ('Ain Dara).11a. 12b. e (Tell Halaf). 26a. 27d. 35a-d (Karkemisch).

[8] Der Rücksprung misst in nord-südlicher Richtung 260 cm und in nord-westlicher Richtung 270 cm.

[9] Masse 153 x 153 cm.

[10] Die Stufen sind beide gleich breit (153 cm) und haben eine Tiefe von 28 cm (unterste Stufe) bzw. 30 (mittlere Stufe). Stufe 1 ist 28 cm hoch, Stufe 2 ist 30 cm hoch. Der Höhenunterschied von Stufe 2 zum Podium beträgt dann noch 40 cm. Das Podium hat bei einer Grundfläche von 153 x 153 cm eine Gesamthöhe von 80 cm; mit der Gesamthöhe der Stufen von 98 cm wird die Neigung des Bodens in der Nische ausgeglichen.

[11] Äussere Masse des Bassins: Länge 69 cm; Breite 50 cm; Höhe 35 cm. Masse des darin eingelassenen Beckens: 53 cm x 35 cm. Die Tiefe des Beckens beträgt 10 cm.

Die Stele wurde in fünf grosse Stücke zerbrochen aufgefunden. Vier davon bedeckten das Bassin und den östlichen Teil des Podiums, das fünfte Fragment, das abgerundete Oberteil der Stele, steckte kopfüber im Schutt am Fusse des Podiums (Abb. 1a). Offenbar hat ein willkürlicher Zerstörungsakt diese Fundlage verursacht.[12] Die Fundlage legt den Schluss nahe, dass die Stele hinter dem Bassin gegen die in nord-südlicher Richtung verlaufende Wand des Rücksprungs aufgestellt war.

Zusätzlich zu diesem erhöhtem Kultplatz mit ikonischer Stele und Bassin wurde noch drei weitere, anikonische Stelen in der Umgebung des Tors gefunden, zwei *in situ* (in den Squares M 54, N 53), eine (J 54) in unmittelbarer Nähe ihres ursprünglichen Standorts. Alle Stelen sind aus Basalt verfertigt, stehen auf einer viereckigen Grundfläche und sind an den Flächen geglättet. Zwei von ihnen (Squares M 54, N 53) haben, wie die ikonische Stele, die Form eines oben abgerundeten Quaders; eine Stele (Square J 54) besitzt eine obeliskoide Form, die sich an den Seiten nach oben gleichmässig verjüngt, oben freilich auch abgerundet ist.[13] Die erste anikonische Stele befindet sich in unmittelbarer Nähe des erhöhten Kultplatzes (Abb. 3 und **Abb. 5-7**). Sie wurde an der Ecke der vorderen nördlichen Torzange (M 54) gefunden (Abb. 3 und 5-6).[14] Sie weist einen Riss quer durch den oberen abgerundeten Teil auf, ist aber vollständig erhalten und weist mit 124 cm Höhe die grösste Höhe aller vier Stelen am Tor von Betsaida auf. Die Stele stand noch *in situ* aufrecht auf dem Niveau des Torwegs.

Östlich des nördlichen Turms (L-M 52-54) und parallel dazu erstreckt sich eine Mauer aus der hellenistisch-römischen Zeit (N 51-53), die auf das Pflaster des Torwegs gesetzt war. Dicht vor der südlichen Front dieser Mauer, in der Nähe der südöstlichen Ecke, wurde eine zweite anikonische Stele gefunden (N 53; Abb. 2). Sie ist links oben beschädigt, so dass zwar die oben abgerundete Form durch die rechte intakte Aussenkante gesichert ist, zur Gesamthöhe aber einige Zentimeter fehlen. Die verbliebene Höhe beträgt 92 cm; die Breite 42 cm, die Tiefe 20 cm. Ob die Stele frei aufgestellt war oder sich auch auf einem Unterbau befunden hat, konnte im Juli 1997 nicht mehr geklärt werden.

Eine dritte anikonische Stele, allerdings obeliskoider Form befindet sich an der Ecke der hinteren südlichen Torzange (J 54; Abb. 2 und **Abb. 8**). Ihre

[12] Zu Hintergrund und Motiv einer solchen Zerstörung siehe unten 4.1. (p. 45).
[13] Nach der Typologie von Graesser 1972, Abb. 2 und p. 48 handelt es sich bei der ikonischen Stele wie auch bei den anikonischen Stelen in M 54 und N 53 um Stelen des „Type a": „slab, of uniform thickness, ,arched' or ,round-topped'", und bei der Stele in J 54 um „Type d": „obeliskoid".
[14] Höhe 124 cm, Breite 52 cm, Tiefe 20 cm.

Höhe beträgt 112 cm, ihre Breite 33 cm. Die Tiefe an der Grundfläche ist
30 cm und verjüngt sich nach oben gleichmässig bis auf 10 cm. Die Stele
stand nicht mehr aufrecht, sondern lehnte mit ihrem oberen Ende schräg an
der Tormauer. Hier muss noch geklärt werden, ob die Stele von einem erhöhten Platz an der Torwand, evtl. einer Nische, heruntergefallen ist. Unabhängig davon befindet sich diese Stele aber in grosser Nähe zu ihrem ursprünglichen Standort und stellt somit eine Art Pendant zu der anikonischen
Stele in der Nische neben der stierköpfigen Stele dar.
Vor dem Durchschreiten der Tors hatte also der Passant jeweils rechter
Hand, sei es beim Verlassen oder Betreten der Stadt, eine anikonische Stele
direkt an der Ecke der Torpassage vor sich (Abb. 6). Der äussere Eingang
zum Tor war allerdings durch das Podium, das Bassin und die ikonische
Stele prominent ausgestattet, und ihm kam wohl eine grössere Bedeutung
zu als dem Raum vor dem Tor im Stadtinneren.

Das Podium der Kultanlage neben dem Tor erhebt sich 80 cm über dem
Torweg (Abb. 3). Podium, Stufen und Basaltbassin sind nahezu unversehrt
erhalten. An den Stufen, die zum Podium hinaufführen, und an dem Becken
wurden Spuren weissen Kalkmörtels gefunden, die darauf hinweisen, dass
die ganze Anlage verputzt war. Das 10 cm tiefe Becken des Bassins weist
in einer Ecke seines Bodens eine lochartige Vertiefung auf (Abb. 4), die das
Becken aber nicht perforiert. Flüssigkeiten konnten sich dort nur sammeln,
aber nicht in den Boden abfliessen.

Im Becken selbst wurden drei sog. strainer oder tripod cups[15] bzw. incense
cups oder Räuchertassen[16] aus der Eisenzeit IIB (Ende 10.-Ende 8. Jh.) gefunden (*locus* 228) (**Abb. 9**). Parallele Formen dazu finden sich gehäuft im
8. Jh, insbesondere in Zerstörungshorizonten aus dem letzten Drittel des 8.

---

[15] Die englische Terminologie für diesen Gefässtyp ist nicht eindeutig festgelegt.
„Tripod cup" hält sich an rein formale Kriterien. „Strainer" hebt auf die Durchbohrungen ab, unterscheidet aber nicht zwischen Gefässen, deren Boden und
untere Wand Durchbohrungen aufweisen, und Gefässen, bei denen nur die Wand
durchbohrt ist. Auch wenn der Unterschied eklatant ist und der zweite Gefässtyp
zum „Sieb" gar nicht taugt, findet man in englischsprachigen Keramikpublikatio-
nen oft diesen Begriff, wohl aus reiner Konvention.
[16] Mit diesem Begriff liegt auch in der englischen Terminologie eine eindeutige
funktionale Zuweisung vor, die aber wenig verwendet wird. Zu den Anfängen der
Zuweisung dieses Gefässtypus zum Räucheropfer siehe Crowfoot 1940 und
Pritchard 1969. Zwickel 1990, 3, übersetzt „incense cup" mit „Räuchertasse" und
plädiert im Rahmen seiner Untersuchungen für diesen Terminus im Deutschen, da
für ihn die Funktion der Gefässe (Räucheropfer) eindeutig ist (siehe unten).

ren kann.[17] Im Umkreis des Tors, auf dem Boden der Kammer 4 (*loci* 212 und 235), wurden als Bestandteil einer reichen Fundlage zu Bruch gegangener Keramik noch weitere Räuchertassen gefunden (Abb. 7). Die Gefässe werden zur Zeit restauriert; eventuell ergeben sich noch weitere Hinweise auf Opfergefässe.

Bei dem Gefässtypus „Räuchertasse" handelt es sich um tassenartige Tongefässe, bei denen meist hoch am Körper Durchbohrungen angebracht waren. In der Regel stehen sie auf drei kleinen Füssen und haben einen Schlaufenhenkel, der am Rand ansetzt und in der Mitte des Körpers endet. Man nimmt an, dass diese Gefässe für Räucheropfer benutzt wurden.[18] H. Weippert betont, dass die Räuchertassen, zusammen mit kleinen Kalksteinaltären, neue Gattungen für Räucheropfer darstellen.[19] Diese Gattungen kommen im 10. Jh. auf, werden oft in Privathäusern gefunden und deuten so auf eine Zunahme häuslicher Riten hin. Gleichzeitig ist zu beobachten, dass es bis zum Ende der Eisenzeit (Ende 7. Jh.) wenig Nachweise für öffentliche Kulte in städtischen Siedlungen in Palästina/Israel, sei es in Form von Tempelanlagen oder in Form offener Kultstätten, gibt.[20]

---

[17] Die in Betsaida gefundene Form mit ausgezogenem Rand, flachelliptischer Bodenform und hyperboloider Wandung bildet eine eigene Gruppe, die schon im 10. Jh. auftaucht und durch die ganze Eisenzeit läuft (vgl. Zwickel 1990, 36f). Dennoch fällt eine Häufung dieses Typs im 8. Jh. auf, was auch mit einer Zunahme des Räucheropfers zusammenhängen kann oder mit den Zerstörungshorizonten der Ortslagen in Israel, die in Zusammenhang mit den assyrischen Feldzügen im letzten Drittel des 8. Jh. stehen und reichere Fundlagen bieten. Zu verwandten Formen siehe Zwickel 1990 (nachfolgend chronologisch geordnet): p. 45 „Tell Ġasīl 5", „Tell Ġasīl 6" (10./9. Jh.); p. 44 „Ḏībān 6" (aus Grabanlage, die vom 9.-7. Jh. benutzt wurde); p. 51 „Tell es-Saʿīdīye 1", „Tell es-Saʿīdīye 4" (Stratum VII, Ende 9./Anf. 8. Jh.); p. 45 „Ġasīl 3" (8. Jh.); p. 51 „Tell es-Saʿīdīye 6" (Stratum VI, Mitte 8. Jh.); p. 48 „Tell el-Mutesellim [= Megiddo] 1", „Tell el-Mutesellim [= Megiddo] 2", „Tell el-Mutesellim [= Megiddo] 4" (Stratum III, 2. H. 8. Jh.); p. 49 „Tell el-Qedāḥ [= Hazor] 7" (Stratum VII, Ende 8. Jh.). Ähnlich ist auch eine der beiden Räuchertassen, die in Dan an der Kultanlage mit Masseben und Opfertisch auf dem Platz zwischen Haupttor und äusserem Tor gefunden wurden (unsere Abb. 81c). Hier ist die Tasse mit Keramik vergesellschaftet, die in das 8. Jh. datiert. Die Zerstörung dieser Anlage wird in das letzte Drittel des 8. Jh. datiert.

[18] Zu Funktion, Verbreitung, Datierung, und Typologie der Räuchertassen und ihrer Verwendung bei kultischen Handlungen siehe Zwickel. 1990, 3-61 (Katalog zu den Räuchertassen p. 41-53). Ein kurzer Abschnitt zu diesem Gefässtypus findet sich auch bei Nielsen 1986, 38. 49.

[19] H. Weippert 1988, 448 mit Abb. 4.23 (2).

[20] H. Weippert 1988, 447f. 479. 623. Vgl. die ausführliche Diskussion des Themas in der Studie Zwickels zum Tempelkult in Kanaan und Israel (1994); dort zur

Zwickel zieht aus seinen Analysen den noch weitergehenden Schluss, dass Räuchertassen nahezu *ausschliesslich* im Rahmen von Haus- und Grabkulten verwendet werden, und dies sogar in einer geographisch zu differenzierenden Verteilung:

„Man kann daher [aufgrund der Fundlagen, d.Verf.] davon ausgehen, dass es in Westpalästina in Zusammenhang mit Bestattungen nur in Ausnahmen einen Räucherkult gab. Ganz anders ist dagegen das Bild im Ostjordanland. Dort finden sich in den Gräbern häufig mehrere Räuchertassen, die einen ausgiebigen Räucherkult bei Bestattungen belegen."[21]

Der Fund in Betsaida, zusammen mit einem parallelen Fund in Dan, bei dem zwei Räuchertassen zusammen mit anderen Opfergefässen bei einer Kultanlage am Stadttor gefunden wurden,[22] hebt Zwickels Schluss aufgrund der von ihm untersuchten Fundlagen nicht auf, aber man kann diese Aussage nicht mit der behaupteten Ausschliesslichkeit aufrechterhalten. Man wird in Israel/Palästina den Räucherkult, zusammen mit Libationen, nicht nur auf häuslichen Kult und Bestattungsriten beschränken können, sondern ihn auch als Bestandteil öffentlicher ritueller Handlungen ansehen müssen. Dazu aber noch ausführlich unter Abschnitt 4.1.4. (p. 71-74).

Eisenzeit I und II p. 204-284. Die Problematik öffentlicher vs. privater Kulte in der Eisenzeit in Palästina/Israel wird im Lichte des Fundes von Betsaida und der Kulte am Tor unter 4.1.4 noch eingehend behandelt.

[21] Zwickel 1990, 40. Vgl. auch ebd. p. 16 Anm. 62 zu Tell Ġasīl, Areal I, das aufgrund von Kleinfunden, darunter Tonfigurinen und 37 Räuchertassen, vom Ausgräber Baramki als Tempelanlage angesprochen wird: „Die veröffentlichten Funde stützen dieses Verständnis jedoch nicht. Räuchertassen sind zumindest in Palästina dem Hauskult und nicht dem Tempelkult zuzuordnen" (wiederholt von Zwickel 1994, 15). In seiner Arbeit über den Tempelkult in Kanaan und Israel findet sich dieselbe Einschätzung: „In den dichter bewohnten Gebieten [Israels und Judas in der Eisenzeit II, d.Verf.] fehlen bislang abgesehen vom Küstenstreifen archäologisch nachgewiesene Tempelbauten. Der Kult scheint sich grösstenteils auf die Privathäuser konzentriert zu haben. Die private Frömmigkeit nahm in dieser Zeit erheblich zu" (Zwickel 1994, 281). Beweise für diese These seien nicht nur die Figurinen von Göttinnen, die man in vielen Privathäusern fand, sondern auch die „in grosser Zahl nachgewiesenen Räuchertassen und -kästchen, die nahezu immer in Privathäusern gefunden werden" (ebd.). Siehe auch die zahlreichen Fälle, in denen Zwickel Gebäude, in denen Kultobjekte mit Räuchertassen assoziiert sind, als private Kultstätten bezeichnet: Tell Ġasīl (siehe oben); Taanach (244); ʿEn Gev (245); Aschdod Areal D, Stratum VIII (247); Dan, sog. „High Place" (255f); Megiddo Gebäude 338 (257f); Tel Kedesch (258); Ḥorvat Qiṭmit (261) (alle Seitenangaben Zwickel 1994).

[22] Siehe dazu noch unten unter 4.1.1. (p. 47-53).

Aufgrund der im Bassin gefundenen Keramik kann die Zerstörung der Kultanlage in die zweite Hälfte des 8. Jh. datiert werden. Das Tor wurde durch ein gewaltiges Feuer zerstört und nicht wieder aufgebaut, was den Zusammenhang mit der Kampagne Tiglatpilesers 733-732 in Syrien und Israel nahelegt. Mit der Zerstörung des Tors ging auch die Zerstörung der Stele einher, und die Fundlage bzw. die Tatsache, dass man auch die Kultanlage nicht wiederhergestellt hat, spricht ebenso für einen aggressiven Akt eines Eroberers, der die Kontinuität der vormaligen Kultur auf Dauer unterbrach. Wenn die Stele um 733/32 zerstört worden ist, besagt dies freilich nichts über den Zeitpunkt ihrer Verfertigung. Sie mag an ihrem Ort natürlich schon länger gestanden haben.

Insgesamt handelt es sich bei der Anlage um einen erhöhten Kultplatz beim Stadttor, der aus einem Kultbild und einem Bassin bestand (**Abb. 10**). Die Vertiefung im Becken des Bassins weist darauf hin, dass mit der Verehrungspraxis Libationen einhergingen; die Überreste von Räuchergefässen deuten auf Rauchopfer an diesem Ort. Die in der Umgebung des erhöhten Kultplatzes aufgefundenen drei bildlosen Stelen bezeugen das Nebeneinander ikonischer und anikonischer Vergegenwärtigung numinoser Grössen. Die Prominenz der ikonischen Stele ist durch ihre Plazierung auf einem hoch abgehobenen Ort, an dem Vorrichtungen für rituelle Handlungen gegeben waren, eindeutig. Auch die anikonischen Stelen dürften nicht nur Funktionen im Ahnenkult gehabt (s.u. p. 85-86), sondern auch der numinosen Sicherung der verletzlichsten Stelle der Stadt gedient haben (vgl. p. 45f).

Objekt	Länge cm	Breite cm	Tiefe/Höhe cm
ikonische Stele	115	59	31
anikonische Stele 1 (M 54)	124	52	20
anikonische Stele 2 (N 53)	92 (frg.)	42	20
anikonische Stele 3 (J 54)	112	33	30-10
Podium	153	153	80
Bassin	69	50	35
Becken in Bassin	53	35	10

Tabelle: Masse zu der Kultanlage am Tor in Betsaida

2. Forschungsgeschichte

Die Fundlage zeigt, dass die ikonische Stele eine bevorzugte Stellung hatte. Bevor wir eine eigene Interpretation dieser Stele versuchen, wollen wir zuerst katalogartig sehr nahe und entferntere Parallelen zur Betsaida-Stele auflisten, die bisher veröffentlicht worden sind. In einem zweiten Schritt werden wir dann die in diesem Zusammenhang beigebrachten Interpretationen der Bilder und Symbole, die auf diesen Parallelen zu finden sind, in chronologischer Reihenfolge darlegen.

2.1. Katalog bisher gefundener und diskutierter Parallelen

2.1.1. *Sehr nahe Parallelen (‚Gestell‘, ‚Rosette‘, Stierkopf, Schwert)*

2.1.1.1. *Die Stele vom Tell el-Ašʿari* (**Abb. 11a-b**)

OBJEKT: Die Stele hat die Form eines an den oberen Ecken leicht abgerundeten Quaders. Die Rückseite und die Schmalseiten sind glatt. Die Vorderseite ist in erhabenem Relief ausgeführt. Das figurative Motiv wird seitlich von Leisten eingerahmt, die dem Rand der Stele entlanglaufen. An der Basis hingegen bildet die Einrahmung einen hohen Sockel und im oberen Teil eine Art Gewölbe. Die Stele ist vollständig erhalten. Sie ist aus lokalem Basalt hergestellt und misst 88 x 35 x 30 cm.

DARSTELLUNG: Das figurative Motiv scheint aus mehreren Elementen zusammengesetzt. Seine Längsachse bildet ein leicht konischer Pfosten. Sockel und Pfosten sind durch einen ca. 3 cm hohen Raum getrennt. Von der Mitte und dem oberen Ende des Pfostens gehen je zwei symmetrisch angeordnete, leicht geknickte Bogen aus, die jeweils zusammen eine halbe, nach unten offene ellipsoide Form bilden. Die Enden des unteren ellipsoiden Bogens sind etwas kürzer als der Mittelpfosten, wobei der linke Viertelbogen sogar noch etwas kürzer als der rechte ist. Bei dem oberen Bogen ist dies genau umgekehrt; hier endet der rechte Viertelbogen auf einer höheren Ebene als der linke. Zwischen den beiden Halbbogen liegt von links oben nach rechts unten diagonal zum Pfosten und ein spitz auslaufendes Schwert mit rundem Knauf. In dem Raum, der vom unteren, rechten Teil des Schwerts, dem Pfosten und dem rechten oberen Halbbogen gebildet wird, befindet sich eine durch ein Kreuz vierfach unterteilte ‚Rosette‘. Oben auf dem Pfosten sitzt, direkt auf den ‚Schultern‘ des oberen

Halbbogens, ein en face dargestellter Rinderkopf (βουκεφάλιον) mit langen, relativ breiten, nach oben gebogenen Ohren, an denen je ein Gehänge befestigt ist. Diese Ohrgehänge haben ebenfalls annähernd die Form halber Ellipsen und sind durch zwei Längsrillen dreifach unterteilt. Die Augen sind plastisch hervorgehoben und wirken wie aufgeklebt. Die langen Hörner umschreiben einen birnenförmigen, nach oben offenen Raum. In diesem befindet sich eine Scheibe, die durch acht eingeritzte Linien in acht ungefähr gleich grosse Teile unterteilt ist.

DATIERUNG (aufgrund stilistischer und ikonographischer Kriterien): siehe oben zur Betsaida-Stele. Die Kriterien legen auch hier eine Datierung ins 9./8. Jh. nahe.

SAMMLUNG: Nationalmuseum Damaskus, Inventar-Nummer 1935 bzw. 4177.

FUNDKONTEXT: sekundär verwendet in einem römischen Grab.

BIBLIOGRAPHIE: Ronzevalle 1937/38, 51-54 und Tafel XIVbis 5.1 und 5.2; Abdul-Hak 1951, 59 und Tafel 30; Galling 1953, 186f und Tafel 6; Seyrig 1959, 45f und Tafel IX 4; Gray 1969, 73 Abb. rechts oben; Cornelius 1994, 165 und fig. 37; Krebernik/Seidl 1997, 107f und Abb. 5.

2.1.1.2. Die Stele von ʿAwas bei Salḫad (**Abb. 12**)

OBJEKT (Beschreibung erfolgt aufgrund der Skizze von R. Mouterde, die die in eine Hauswand eingemauerte Stele zeigt): Die Stele hat die Form eines oben abgerundeten Quaders. Die Rundung verläuft links oben etwas steiler als rechts. Die Vorderseite ist in erhabenem Relief ausgeführt. Das figurative Motiv wird von einer Leiste umgeben, die dem Rand der Stele entlangläuft und ihre Form nachbildet. Die Randleiste an der Basis ist entweder weggebrochen oder in der Einmauerung verschwunden. Jedenfalls ist nur noch der obere Rand davon zu sehen. Die Stele ist im übrigen vollständig erhalten. Das Relief scheint an mehreren Stellen beschädigt zu sein. Das Material ist nicht bekannt, dürfte aber, wie bei den Stelen aus Betsaida und Tell el-Ašʿari lokaler Basalt sein. Die Höhe der (sichtbaren) Stele wird mit 80 cm angegeben; weitere Masse sind nicht bekannt.

DARSTELLUNG: Das figurative Motiv scheint aus mehreren Elementen zusammengesetzt. Seine Längsachse bildet ein rechteckiger Pfosten, der aus der unteren Randleiste gleichsam herauswächst. Von der Mitte und dem oberen Ende des Pfostens gehen je zwei symmetrisch angeordnete, leicht geknickte Bogen aus, die jeweils zusammen eine halbe, nach unten offene ellipsoide Form bilden. Die Enden des unteren ellipsoiden Bogens sind etwas kürzer als der Mittelpfosten und stehen nicht auf der unteren Randleiste auf. Zwischen den beiden Halbbogen liegt diagonal auf dem Pfosten, von links oben nach rechts unten, ein spitz auslaufendes Schwert auf, dessen oberer Teil bestossen ist. Die Skizze deutet hier einen knaufförmigen Abschluss an. In dem Raum, der von dem unteren, rechten Teil des Schwerts, dem Pfosten und dem rechten oberen Halbbogen gebildet wird, befinden sich vier Kugeln, die eine Art ‚Rosette‘ bilden. Oben sitzt auf den Schultern ein en face dargestellter, auffällig kurzer Rinderkopf (βουκε- φάλιον) mit langen, schmalen, leicht nach oben gebogenen Ohren. Die Augen sind nicht eigens hervorgehoben. Die langen Hörner bilden einen Kreis. In diesem befindet sich eine Scheibe, die durch acht eingeritzte Linien in acht ungefähr gleich grosse Teile unterteilt ist.

DATIERUNG (aufgrund stilistischer und ikonographischer Kriterien): siehe oben zur Betsaida-Stele. Die Kriterien legen auch hier eine Datierung ins 9./8. Jh. nahe.

SAMMLUNG: Die Stele wird (1997) vom Syrischen Antiquitäten-Departement offiziell als verschollen registriert (zuletzt anscheinend von R. Mouterde in den Dreissigerjahren gesehen).

FUNDKONTEXT: sekundär in eine Hauswand verbaut.

BIBLIOGRAPHIE: Ronzevalle 1937/38, 51-54 und Fig. 12 (Zeichnung R. Mouterde); Krebernik/Seidl 1997, 107f und Abb. 4 (= Zeichnung R. Mouterde).

2.1.2. *Nahe Parallelen (‚Gestell‘, ‚Rosette‘, Stierkopf)*

2.1.2.1. *Die Stele im Museum von Gaziantep, Südosttürkei* (**Abb. 13a-c**)

OBJEKT: Die Stele hat die Form eines oben abgerundeten Quaders. Die Vorderseite ist in erhabenem Relief ausgeführt. Die Stele ist vollständig erhalten. Das Relief ist an mehreren Stellen beschädigt, besonders im oberen Bereich. Die Stele ist aus Basalt hergestellt und misst ca. 105 x 45,5 x 34 cm.

DARSTELLUNG: Das figurative Motiv scheint aus mehreren Elementen zusammengesetzt. Auf einer niedrigen, konkaven Basis steht ein rechteckiger
Pfosten. Von seiner Mitte und seinem oberen Ende gehen je zwei symmetrisch angeordnete Balken seitlich schräg nach unten ab. Die Enden des unteren Balkenpaares sind von der Basis ca. 8 cm entfernt. In dem Trapez, das
von dem Pfosten und dem rechten, oberen und unteren Seitenbalken sowie
dem rechten Rand der Stele gebildet wird, befinden sich vier Kugeln, die
eine Art ‚Rosette‘ bilden. Am oberen Ende des Pfostens ist offenbar ein en
face dargestellter Rinderkopf (βουκεφάλιον) aufgesetzt. Der Kopf ist links
bestossen, scheint aber nur aus einem Kreis und einem Dreieck zusammengesetzt zu sein und wirkt so schematisiert, ja geradezu geometri-
siert. Unterhalb der „Schnauze" schliesst sich ein spitz zulaufendes Dreieck
an, das bis zu dem oberen Balkenpaar hinunterreicht und funktional als
Stütze, figurativ als Halsansatz interpretiert werden kann. Die langen, breiten, weit nach oben gebogenen Ohren gehen vom oberen Ende des Pfostens
aus und sind im Gegensatz zum Kopf realistisch dargestellt. Die kreisfömig
nach oben gebogenen Hörner scheinen sich nicht zu verjüngen. Ob sie zu
einem Kreis geschlossen waren oder nach oben offen blieben, ist aufgrund
des schlechten Erhaltungszustands im oberen Bereich der Stele nicht mit
Sicherheit zu entscheiden. Ersteres scheint uns wahrscheinlicher.

DATIERUNG (aufgrund stilistischer und ikonographischer Kriterien): siehe
oben zur Betsaida-Stele. Obwohl die bei den bisher genannten Stelen
vorhandene Randleiste fehlt, legt sich aufgrund der verbleibenden Ähnlichkeiten auch hier eine Datierung ins 9./8. Jh. nahe.

SAMMLUNG: Museum von Gaziantep, Inventar-Nummer 4194.

FUNDKONTEXT: Unbekannt, wahrscheinlich in der Nähe von Gaziantep.

BIBLIOGRAPHIE: Börker-Klähn 1982, 223f (nur Beschreibung, keine
Abbildung); Krebernik/Seidl 1997, 106 und Tafel 3.

2.1.2.2. Darstellungen auf einem Bronzekästchen (**Abb. 14a-d**)

OBJEKT: Kubisches, unten offenes, an den Seiten dekoriertes Bronzekästchen, das auf vier Rinderfüssen ruht. Von seinen oberen Ecken steigen
bogenförmig vier runde Streben auf, die unter einer kleinen runden Platte
zusammenlaufen. An dieser Platte ist ein Ring befestigt. In dem von den
vier Streben gebildeten „Spitzgewölbe" steht, auf einer rechteckigen Basis,

eine schreitende männliche Figur mit hoher Kopfbedeckung. Die Arme sind an den Körper gelegt.[23] Das ganze Objekt misst 14 x 6 x 5,3 cm.

DARSTELLUNG: Auf der *Frontseite* des Kästchens (Blickrichtung der Figur) sind links ein siebenstrahliger Stern und rechts eine Scheibe, die zwischen eine Mondsichel (?) gesetzt ist. Die Form erinnert allerdings eher an ein Rindergehörn, wie wir es bei der ägyptischen Hathor finden, die auf ihrem Kopf zwischen den Kuhhörnern die Sonnenscheibe trägt. Auf der *linken Seitenfläche* sind drei Objekte abgebildet. Auf einem Sockel steht ein Doppelpfosten, von dem, in der oberen Hälfte, je zwei Balken links und rechts schräg nach unten ragen. Auf dem Doppelpfosten sitzt ein Stierkopf mit schräg nach oben gerichteten Ohren und fast senkrechten, nach Innen gerichteten Hörnern. Links davon, auf der Höhe des oberen Balkenpaares, eine viergeteilte Scheibe. Links von diesem Motiv erstreckt sich, fast über die ganze Höhe der Seitenfläche, eine nach oben gerichtete Schlange. Auf der *Rückseite* des Kästchens ist links noch einmal ein Sockel mit einem Pfosten abgebildet, an dessen oberem Ende symmetrisch je ein Balken links und rechts schräg nach unten ragt. Auf dem Pfosten sitzt ein Stierkopf mit schräg nach oben gerichteten Ohren und Hörnern. Rechts daneben ist ein Ring, dessen Innenfläche von zwei Linien, die sich im rechten Winkel schneiden, in vier Sektoren unterteilt wird. Der Kreuzungspunkt der Linien ist kugelförmig gestaltet. Die *rechte Seitenfläche* des Kästchens trägt wiederum drei Motive: ein Sockel mit einem Pfosten, an dessen oberem Drittel vier Balken X-förmig auseinanderstreben. Links davon wird das Motiv der vierfach unterteilten Scheibe wiederholt. Links aussen schliesslich befinden sich sieben, eng aneinander gereihte Stangen, deren oberes Ende durch eine Einkerbung abgesetzt ist.

DATIERUNG: 1. Hälfte des 1. Jt., evtl. 8. Jh.[24]

SAMMLUNG: ehem. Privatsammlung François Chandon de Briailles.

FUNDKONTEXT: Antikenhandel.

BIBLIOGRAPHIE: Seyrig 1959, 43-48 und Tafeln VIII. IX 1. und 3. Krebernik/Seidl 1997, 106f und Tafel 3a sowie Abb. 3a.

---

[23] Eine genaue Beschreibung findet sich bei Seyrig 1959, 44.
[24] Krebernik/Seidl 1997, 106f.

2.1.3. *Entfernte Parallelen (‚Gestell‘, ‚Rosette‘)*

2.1.3.1. *Ein ungedeutetes Symbol auf der Stele Adadneraris III. aus Saba'a* (**Abb. 15**)

OBJEKT: Die Stele hat die Form eines Quaders, der im oberen Teil mit einer figurativen Darstellung und im mittleren mit einer Inschrift[25] versehen ist; der untere Teil ist glatt. Der obere Bildteil ist in erhabenem Relief ausgeführt. Das figurative Motiv wird an der Oberseite und an den Längsseiten von einer Leiste umgeben, die dem Rand der Stele entlangläuft und ihre Form nachbildet. Der Quader ist zwischen der Inschrift und dem glatten Teil zerbrochen. Die Stele ist entlang der Ränder stark beschädigt. Das Material ist lokaler Basalt. Die Stele misst 192 x 47-50 x 37-38 cm.

DARSTELLUNG: Hauptmotiv ist der assyrische König, der in Gebetshaltung mit ausgestrecktem Zeigefinger (assyr. *ubāna tarāṣu*) dargestellt ist. Der König trägt ein Schalgewand mit Fransen im aramäischen Stil. Von allen bekannten Darstellungen des Typus „König vor Gott" ist es die einzige, die den König mit einem Schwert gegürtet zeigt.[26] Die zehn Gottessymbole sind von oben links nach rechts: eine Standarte, bestehend aus einer Scheibe oder einem Ring und zwei Troddeln, auf einem getreppten Sockel; der Griffel (*qan ṭuppi*) des Nabu; der achtstrahlige Stern der Ischtar; der Spaten (*marru*) des Marduk auf einem getreppten Sockel; darunter das Siebengestirn; die Hörnerkrone; die geflügelte Sonne; darunter drei Blitze in einem Hügel auf einem getreppten Sockel; und darunter ein liegendes Gebilde, das aus einem horizontal verlaufenden Mittelpfosten besteht, von dem je zwei symmetrisch angeordnete Balken seitlich schräg nach oben und unten abgehen. Am rechten Ende des Mittelpfostens und an den Enden der Seitenbalken befinden sich kugelförmige Verdickungen. Das linke Ende des Mittelpfostens ist eingekerbt. Unterhalb des Mittelpfostens, zwischen den unteren Seitenbalken, liegen vier Kugeln dicht beieinander.

DATIERUNG: Aufgrund der Inschrift kann die Stele in die Zeit Adadneraris III. (806-783; wahrscheinlich erst nach 796[27]) datiert werden.

SAMMLUNG: Arkeoloji Müzeleri Müdürlügü, Istanbul; Inventar-Nummer 2828.

---

[25] Zum Text der Stele siehe Tadmor 1973, 144-148.
[26] Magen 1986, 48f.
[27] Vgl. Tadmor 1973, 148.

FUNDKONTEXT: Die Stele wurde südlich des Ğebel Sinğar bei Saba'a in einem Sandhügel gefunden.

BIBLIOGRAPHIE: Unger 1916; Börker-Klähn 1982, Nr. 163 (mit Bibliographie); Magen 1986, 46. 48f und Tafel 8,5; Krebernik/Seidl 1997, 109f und Abb. 6.

2.1.3.2. *Ein ungedeutetes Symbol auf dem Rollsiegel VAR 508 in Berlin* (**Abb. 16**)

OBJEKT: Rollsiegel, dessen Gravur weitgehend mit dem Kugelbohrer ausgeführt worden ist. Das Material ist Chalzedon. Das Siegel misst 3,7 x 1,7 cm.

DARSTELLUNG: Die Hauptszene zeigt Ischtar bzw. eine Ischtar-Statue mit segnend erhobener Hand im Sternenkranz als Himmelskönigin auf einem Podest und vor ihr einen Verehrer mit Gebetsgestus. Hinter dem Verehrer befindet sich das Mondemblem von Harran, zwischen ihm und Ischtar ist ein Granatapfel, hinter Ischtar ein Fisch und der liegende *mušḫuššu*-Drache, auf dessen Rücken der Spaten des Marduk und der Griffel des Nabu stehen. Zwischen diesem und dem Skorpionmenschen, der die geflügelte Sonnenscheibe hält, steht die Inschrift (auf der Zeichnung weggelassen): „Siegel des Nisannā'a". Oben rechts von der Sonnenscheibe reihen sich verschiedene Göttersymbole aneinander, von links nach rechts: ein siebenstrahliger Stern; ein Widderkopf (?); ein Pfosten, von dessen unterem und oberem Ende je zwei symmetrisch angeordnete sehr spitze, lang gezogene Dreiecke schräg nach unten abgehen. Den oberen Abschluss bildet eine Kugel. Links und rechts des Mittelpfostens befinden sich je zwei Kugeln, die parallel zu den unteren Extremitäten angeordnet sind. Rechts von diesem geometrischen Gebilde drei Blitze in einem Hügel; rechts vom Kopf der Ischtar ein Sichelmond und das Siebengestirn (Pleiaden).

DATIERUNG: Von Moortgart aus stilistischen und ikonographischen Gründen ins 8. Jh. v. Chr. datiert.[28]

SAMMLUNG: Vorderasiatisches Museum Berlin, Inventar-Nummer VAR 508.

---

[28] Moortgart 1940, 67.

FUNDKONTEXT: Antikenhandel.

BIBLIOGRAPHIE: Weber 1920, Nr. 257; Moortgart 1940, Nr. 598; Winter [2]1987, Abb. 501; Collon 1987, Nr. 883; Krebernik/Seidl 1997, 110 und Abb. 7.

2.2. Überblick über bisherige Interpretationsversuche

Beim Referieren und Bewerten bisher vorgebrachter Interpretationen wird vor allem darauf zu achten sein, wie die auffällige Kombination schematisch-geometrischer und figurativer Elemente auf den Objekten erklärt wird und welche Bedeutung den einzelnen Elementen des Gesamtbildes („Gestell', ‚Rosette', Stierkopf und Schwert) zugewiesen wird.

2.2.1. *Von Ronzevalle bis Galling (1937-1953)*

In seiner Studie zum heliopolitanischen Jupiter publiziert *S. Ronzevalle* zum ersten Mal die beiden Stelen aus dem Hauran und interpretiert sie als Denkmäler der römischen Zeit. Er betont die „barbarische Rohheit"[29] der beiden Monumente, welche er auf nomadischen Einfluss zurückführt.[30] Die Monumente erscheinen ihm wie Graffiti, die in Skulpturen umgesetzt worden sind.[31] Er verweist dazu auf nabatäische Felszeichnungen in Palästina/Israel, die stark schematisierte Menschen zeigen.[32] Was die Ikonographie der Stelen betrifft, sieht er darin insgesamt die Darstellung einer menschengestaltigen Gottheit mit Stierkopf. Die achtgeteilte Scheibe zwischen den Hörnern stellt für ihn die Sonne dar. Daraus schliesst er, dass es sich bei der ganzen Figur um die Darstellung eines Himmelsgottes handelt.[33] Er fragt sich, ob der obere Bogen, den er als herunterhängende Arme interpretiert, nicht Rudimente von Flügeln seien, und hält es auch für möglich, dass der unterste, massive Teil des Pfostens das männliche Geschlecht der Figur repräsentiert: „signe de puissance extrême".[34] Auch das Schwert

---

[29] Ronzevalle 1937/38, 54 n. 1: „De toutes façons, nos monuments sont d'une barbarie et d'une crudité enfantines."
[30] Ronzevalle 1937/38, 53.
[31] Ronzevalle 1937/38, 45, n. 1: „on dirait d'un graffite passé à l'état sculpural".
[32] Alt 1935, 73f und Pl. 3 B und 5 B.
[33] Ronzevalle 1937/38, 52.
[34] Ronzevalle 1937/38, 54 n. 1.

sei ein Zeichen der Allgewalt und charakterisiere die Figur als „Hadad, κύριος, le dieu des armées célestes".[35]

K. Galling nahm 1953 die Interpretation der beiden Stelen wieder auf[36] und datierte sie nun aufgrund stilistischer Kriterien in das erste Drittel des 1. Jt. v. Chr. (Rahmung des Motivs, Gestaltung der Augen, Ohrringe in assyrischem Stil[37]). Stilistisch betont Galling den Blockcharakter des Mittelpfostens, den er als Rumpf interpretiert, der jedoch länger als die Extremitäten gestaltet sei. Dies führt ihn zu der Annahme, dass „im Relief ein freistehendes Kultbild nachgebildet wird".[38] Die Interpretation der ganzen Figur bleibt unentschieden: Galling spricht bald von der „Darstellung eines Stieres", bald von einem „menschlich gedachten Mischwesen", bald von einem „Rinderkopf-Menschen". Er betont, dass die Extremitäten nicht spezifiziert sind: Man könnte an tierische denken, menschliche seien aber vorzuziehen. So deutet Galling schliesslich die ganze Gestalt als einen „Wetter- und Kriegsgott" in aramäischer Tradition (Adad-Ramman).[39] Religionsgeschichtlich erwägt Galling sogar die Möglichkeit, ob es sich bei dem Relief nicht um eine „Stierkopf-Massebe" und damit um eine Erscheinungsform des in der Bibel erwähnten Typus des „'Jungstieres' im Gegenüber zur Lade" handeln könne.[40] Wie Ronzevalle interpretiert Galling die unterteilte Scheibe zwischen den Hörnern als Sonne. Er verweist zur Begründung auf den Apis-Stier, die Göttin Hathor und die Herrin von Byblos. Die vier zu einer ‚Rosette' zusammengefügten Kugeln dürften nach ihm einen Stern darstellen, jedoch sei dieser „Füllsel" und dürfe „bei der Interpretation nicht überbewertet werden".[41]

2.2.2. Von Seyrig bis Arav/Freund (1959-1998)

H. Seyrig stellte 1959 die beiden Stelen zum ersten Mal in einen grösseren ikonographischen Zusammenhang, allerdings der griechisch-römischen Zeit. Den Aufsatz von Galling scheint er nicht zu kennen. Er geht von der Beschreibung zweier, von ihm in die römische Zeit datierter[42] Bronzekästchen aus, von denen eines (s.o. 2.1.2.2.) auf den Seitenflächen sehr

---

[35] Ronzevalle 1937/38, 53.
[36] Galling 1953, 186f.
[37] Moortgat 1927.
[38] Galling 1953, 186.
[39] Galling 1953, 186.
[40] Galling 1953, 187.
[41] Galling 1953, 186.
[42] Seyrig 1959, 46.

ähnliche Symbole trägt, wie sie auch auf den Basaltstelen von Tell el-Ašʿari und ʿAwas zu finden sind. Bei den Basaltstelen erscheint Seyrig eine nabatäische Provenienz – wegen einiger Ähnlichkeiten mit in Petra gefundenen Darstellungen und dem Fundort der Stelen im Hauran, der in römischer Zeit unter nabatäischer Kontrolle war – nicht unwahrscheinlich. Eine Verbindung zwischen den Stelen und den Bronzekästchen bleibt für Seyrig vage und unsicher.[43] Das Gesamtbild auf den Stelen interpretiert er als eine Art archaisches Idol, das aus einem Pfahl und einem Rinderbalg besteht und dem, als anthropomorphes Element, ein Schwert beigegeben wurde.[44] Eine Auflösung der Stelendarstellung in ein derart konkret vorgestelltes, reales Vorbild nimmt Seyrig bei den ähnlichen Symbolen auf den Bronzekästchen nicht vor. Hier spricht er, eher technisch, von Simulacra, die aus einem Pfahl mit 2 oder 4 Balken bzw. Appendices und einem aufgesetzten Stierkopf.[45] Die vierfach unterteilten Scheiben auf der linken und rechten Seitenfläche bezeichnet er als „Rosetten", die er nicht deutet. Den Ring auf der Rückseite, der durch zwei Linien in vier Sektoren unterteilt ist, interpretiert er als Rad, vielleicht das der Nemesis.[46]

Auch *M. Weippert* datierte 1961 das Bronzekästchen und trotz Galling auch die Hauran-Stelen in die römische Zeit, sieht in der tauromorphen Gottesdarstellung aber alte, „vielleicht aramäische Traditionen"[47] nachwirken. Die ‚Rosette' zwischen den Hörnern des Stiers hat mit den von Galling genannten ägyptischen bzw. ägyptisierenden Parallelen nichts zu tun; sie dürfte nordsyrischen Ursprungs sein (vgl. z.B. Contenau 1922, Taf. XXIX 200 = von der Osten 1934, Taf. XXIV 359)."[48]

1969 hat *J. Gray* die Tell el-Ašʿari-Stele als Relief eines Kalbes oder eines Stieres interpretiert, das Baʿal-Hadad stierköpfig und mit einem umgegürteten Dolch auf seinem Thron zeigen soll.[49]

---

[43] Seyrig 1959, 46. Für die Parallelen in Petra verweist Seyrig auf den Aufsatz J. Miliks in *Syria* 35 (1958), 249.

[44] Seyrig 1959, 46: „Ces deux monuments ... représentent dans une niche une idole très primitive, apparemment faite d'un pieu revêtu d'une peau de bœuf, et à la taille de laquelle, comme à celle d'un homme, est suspendu un glaive".

[45] Seyrig 1959, 45.

[46] Seyrig 1959, 45.

[47] M. Weippert 1961, 106 = M. Weippert 1997, 56.

[48] M. Weippert 106 Anm. 70 = M. Weippert 1997, 56 Anm. 72.

[49] Gray 1969, 73.

J. Börker-Klähn hat 1982 im Anschluss an die Beschreibung einer Stele mit dem Mondemblem von Harran im Museum von Gaziantep[50] auf eine weitere Stele im selben Museum hingewiesen (Abb. 13a-c).[51] Sie versteht diese als spätes Werk, vielleicht aus römischer Zeit, zählt sie dann aber doch zu den Harran-Denkmälern des 8. und 7. Jh. mit dem Mondemblem und interpretiert sie von diesen her: „Aus der Stange ist eine Art stilisierter, nämlich völlig geometrisierter Körper mit vier Beinen geworden, aus dem Halbmond fast ein Ring; an der Stelle der Troddeln erheben sich Rinderohren, zwischen denen ein stark vereinfachtes ‚Gesicht‘ – in der Art eines von oben gesehenen Vogelkopfes – sitzt. Vier, zwischen den ‚Beinen‘ symmetrisch gesetzte Punkte vervollständigen das Ganze."

I. Cornelius (1994) kennt die Tell el-Ašʿari-Stele vom Gray, übernimmt auch dessen Deutung als Thronender und verweist als Beleg für eine eventuelle Identifizierung mit Baʿal auf eine ägyptische Stele in Kopenhagen.[52] Diese datiert aus dem 13. Jh. Sie zeigt einen stierköpfigen Seth am Bug der Sonnenbarke, den Stierkopf im Profil. Seth wurde von den Ägyptern konsequent mit Baʿal identifiziert.[53]

M. Krebernik und *U. Seidl* haben 1997 anlässlich der Veröffentlichung eines „Schildbeschlags mit Bukranion"[54] das Motiv des Rinderkopfs im Bereich der luwisch-phönizisch-aramäischen Kultur des frühen 1. Jt. untersucht und dabei auch die drei oben vorgestellten Basaltstelen (Abb. 11-13) mit einbezogen. Bei der Gaziantep-Stele verweisen die Autoren auf die Darstellungen auf den Bronzekästchen (Abb. 14a-d) als nächste formale Parallen. Aufgrund zweier neu in die Diskussion eingebrachter Exemplare datieren sie jenes ins 8. Jh.[55] Die Darstellung auf den beiden Hauran-Stelen interpretieren sie als Anthropomorphisierung der Simulacra auf der Gaziantep-Stele und dem Bronzekästchen. Sie erfolgt, „indem die seitlichen Bänder zur Hälfte nach unten gebogen, in der Mitte – sozusagen der

---

[50] Börker-Klähn 1982, Nr. 244. Kohlmeyer 1992, 98f. Keel 1994, 141 Nr. 8.
[51] Börker-Klähn 1982, 223f Anm. 2.
[52] Cornelius 1994, 165. Die Stele ist Ny Carlsberg Glyptothek Inv. Nr. AEIN 726 = Cornelius 1994, 163f BR 19, Pl. 44.
[53] Keel/Shuval/Uehlinger 1990, 304 und 308.
[54] „Bukranion" ist eigentlich der Rinderschädel ohne Unterkiefer; richtig wäre Bukephalion „Rinderkopf" (vgl. Börker 1975, 244-250).
[55] Zu den Parallelen siehe Akkermans 1991, 56ff Nr. 21. Jantzen 1972, 66. 69 Nr. 774 Taf. 67.

Taille – schräg ein Schwert angebracht und dem einen der beiden Stierköpfe Schmuck an die Ohren gehängt worden ist".[56]
Bei der Interpretation haben der Autor und die Autorin sich nicht festgelegt. Sie halten zwei Möglichkeiten offen, die sich aus religionsgeschichtli-
chem Wissen anbieten. Zum einen, so meinen sie, könnte es sich um die
Repräsentation eines lokalen Wettergottes handeln. Dafür sprächen die
Nachbarschaft zum Blitz auf den beiden assyrischen Denkmälern (Abb. 15
und 16) und die Kombination mit einem Stierkopf auf den Stelen: „Anscheinend entspricht das Bukranion im syrischen Raum dem Blitzbündel
des assyrisch-babylonischen Symbolkanons."[57] Diese Interpretation erscheint dem Autor und der Autorin aber nicht zwingend, da sie zusätzlich
die Vermutung äussern, der Rinderkopf könnte auch auf den Mondgott
weisen. Dazu passten die Vierzahl der Symbole (vier Kugeln, viergeteilte
Scheibe) und die auf dem Bronzekästchen (Abb. 14a-d) präsente
Siebenzahl (Stern mit sieben Zacken, siebenteilige ‚Syrinx'). Beide Zahlen
würden auf Eigenschaften des Mondes hinweisen: Vier ist die Zahl der
Mondphasen; vier Teile hat der Mond. „Sieben ist die Zahl der göttlichen
Geburtshelferinnen (*Kōṯarātu*), die im Ugaritischen das Beiwort *bnt hll* tragen, was vielleicht als ‚Töchter des Mondes'[58] zu verstehen ist."[59]

Solche Vorsicht ist der vorläufigen Publikation der Stele in einem von *O.
Misch-Brandl* betreuten kleinen Katalog des Israel-Museums (1997) fremd.
Hier wird gesagt: „The stela depicts a bull-headed warrior armed with a
dagger."[60] Die ganze Darstellung wird also wie bei Ronzevalle und Gray
figurativ gedeutet, allerdings ohne einen Versuch, den Mittelpfosten in dieses Verständnis zu integrieren – er wird einfach übersehen. Die ‚Rosette'
wird keines Wortes gewürdigt. Die Deutung der Darstellung ist ebenso la-
pidar: „The bull was a symbol of the storm god, and is frequently depicted
next to this deity. The image seen here, in which the god himself has the
head of a bull, is rare in the art of this region."[61] Nach einigen Sätzen zum
Sturmgott Adad bzw. Hadad und seiner Beziehung zum Stier wird der in
der Stele sichtbare aramäische Einfluss (wobei allerdings nicht gesagt wird,
worin dieser besteht) mit der Lage Betsaidas an der wichtigsten Verbin-
dungsstrasse zwischen dem aramäischen Damaskus und der Küstenstrasse

---

[56] Krebernik/Seidl 1997, 107f.
[57] Krebernik/Seidl 1997, 110.
[58] Andere mögliche Deutungen für *hll*: „Morgenstern"; „Jubel".
[59] Krebernik/Seidl 1997, 111. Zu den ugaritischen Begriffen vgl. Fisher 1975, 55f;
Rummel 1981, 418.
[60] Misch-Brandl 1997, 9.
[61] Misch-Brandl 1997, 9.

erklärt. Die Zerstörung der Stele wird mit dem Einfall Tiglatpilesers III. in Südsyrien und Galiläa in den Jahren 734-732 zusammengebracht (2 Kön 15,29).

In einer Notiz von wenigen Zeilen beschreiben die beiden Ausgräber von Betsaida, *R. Arav* und *R. Freund*, 1998 die Stele mit folgenden Worten: „A bull-headed figure stares belligerently from this basalt stela, challenging archaeologists with an apparently unprecedented find." Wie die Forschungsgeschichte zeigt, ist er so „unprecedented" nicht. „Bull-headed figure" lässt an eine anthropomorphe stierköpfige Gestalt denken. Im Folgenden ist aber schlicht von „bull's body" und „bull's chest" die Rede und die Deutung lautet: „The bull depicts the city's chief deity, who symbolically embraces and protects the city."

2.3. Fazit

Die Schwierigkeiten, die sich bei der zeitlichen und kulturgeschichtlichen Einordnung sowie bei der Interpretation der Stelenbilder und der ihnen verwandten Symbole auf Objekten der Kleinkunst bis heute ergaben, sind unübersehbar. Der eigenartige Stil der Stelenbilder, der sich stark von dem der bekannnten spätluwischen und aramäischen Reliefs der ersten Hälfte des 1. Jt. unterscheidet, liess einige Autoren die Stücke einfach in spätere Epochen und Kulturen verschieben, in die römische Zeit Syriens oder, da ihr Stil auch da nicht zu dem der üblichen Bildwerke (hellenistischen und römischen) passte, in die periphere Kultur der Nabatäer (Ronzevalle, Seyrig, M. Weippert, in etwa auch Börker-Klähn). Die zwei damals bekannten Stelen stammten aus dem Hauran, der in römischer Zeit weitgehend zum nabatäischen Kulturraum gehörte. Die Datierung und kulturgeschichtliche Einordnung blieben aber auch so weitgehend abstrakt, da wirkliche Parallelen auch aus diesem Raum nicht vorhanden waren. Vage wie die stilistische blieb auch die religionsgeschichtliche Einordnung. Man orientierte sich am vorhandenen Wissen über die religiösen Vorstellungen der Kulturen des syrischen Raumes und ordnete das Kultbild der Stelen einem Wettergott wie Hadad oder Baʿal (Ronzevalle, Gray) oder einer Mondgottheit (Börker-Klähn) zu.

Ähnlich liegt der Fall auch bei den Publikationen, die die Stelen (richtigerweise) im ersten Drittel des 1. Jt. ansetzten (Galling, Krebernik/Seidl). Die Darstellung der Stele lässt sich so wenig in das bekannte Bilderinventar der in Frage kommenden Zeit einordnen, dass eine Bezeichnung des Gesamtbildes vage bleiben musste. Galling spricht gleichzeitig von der Darstellung eines Mischwesens, einem Stierkörper und einem Menschenkörper. Krebernik/Seidl gehen von einer Anthropomorphisierung des Symbols auf der Gaziantep-Stele aus, wobei nicht ersichtlich ist, warum die Gaziantep-Stele vorgängig ist und als Ausgangspunkt für eine Anthropomorphisierung dient. Auch die Zuordnung des Stelenbilds zu einem bekannten Kult oder Gott bleibt mehr Annahme aus Wahrscheinlichkeit, als dass sie an klaren Kriterien festgemacht werden könnte. Galling zielt auf den aramäischen Wetter- und Kriegsgott Adad-Ramman, Krebernik/Seidl schwanken zwischen einem lokalen Wettergott oder dem Mondgott.

Manche bisherige Interpretationen litten unter dem etwas erzwungenen Versuch, das Bild als ein realistisches Ganzes aufzufassen, etwa eines Tier- oder Menschenkörpers, oder als Wiedergabe eines Kultpfahls mit Stierbalg (Seyrig). Bei einem Neuansatz in der Interpretation des Stelenbildes wird es vor allem darauf ankommen, das Bild zunächst einmal als das zu sehen und zu nehmen, was es ist: eine Kombination figürlicher und nichtfigürlicher Elemente. Die näheren und entfernteren Parallelen legen weiter nahe, die einzelnen figürlichen und nichtfigürlichen Elemente vorerst als Bedeutungsträger zu analysieren und erst abschliessend das Gesamtbild zu deuten.

Zusätzlich zur Untersuchung des Stils, der Bedeutung der einzelnen Motive und ihrer Syntax, d.h. der Komposition, die eine ikonographische Analyse erlaubt, können wir bei der Betsaida-Stele zum ersten Mal den „Sitz im Leben" in die Interpretation eines Denkmals dieses Typs einbeziehen. Der „Sitz im Leben" ist für ein ikonologisches bzw. mentalitätsgeschichtliches Verständnis von grosser Bedeutung.[62] Damit ist nicht in Abrede gestellt, dass schon früher bei der Deutung dieses Denkmälertyps viel Richtiges gesehen worden ist. Die vorgängig genannten Forscher und Forscherinnen haben wichtige Beobachtungen gemacht, Parallelen gefunden und Interpretationselemente beigebracht bzw. kritisch diskutiert. Neue Beobachtungen, zusätzliches Parallelmaterial und die erstmals mögliche Berücksichtigung der Fundlage sollen das Fundament für eine weitere, breiter abgestützte Interpretation liefern.

---

[62] Zur Unterscheidung von ikonographischer und ikonologischer Analyse und generell zu dem hier zugrunde gelegten methodischen Prozedere vgl. die Aufnahme und kritische Weiterführung des Schemas von E. Panofsky bei Keel 1992, 267-273.

3. Eine Interpretation

3.1. Die Kombination nicht-figurativer und figurativer Elemente

Das Hauptproblem, das sich bei der Deutung der Betsaida-Stele stellt, ist die Kombination nicht-figurativer Elemente (Pfosten) mit figurativen (Rinderkopf, Schwert). Die meisten Autoren und Autorinnen versuchten, wie gesagt, nicht-figurative Elemente wie z.B. den unteren Teil des Pfostens konkret zu deuten. So wollte Ronzevalle bei der Publikation der Tell el-Ašʿari-Stele die schematischen Elemente auf Graffiti als Vorbilder zurückführen, das Ganze aber figurativ deuten, die symmetrisch vom Pfosten ausgehenden Bogen als Extremitäten, den unteren Teil des Pfostens als Phallus des Stiermenschen. Gray sah in letzterem Element den Thron, auf dem der Stiermensch sitzt. Auch Seyrig interpretierte die gebogenen Elemente am Pfosten bei den beiden Hauran-Stelen figurativ, indem er das Ganze als Stierbalg verstand, der an einem Pfosten befestigt worden war.[63] Nach Ronzevalle, Seyrig und Gray müssen also die gebogenen, vom Pfosten ausgehenden Elemente als Stierbeine verstanden werden.

Die Tatsache, dass die bogenförmigen Elemente weder als Menschen- noch als Tierextremitäten gestaltet sind und die Darstellungen auf der Gaziantep-Stele (Abb. 13a-c) und dem Bronzekästchen (Abb. 14b, c, d) zeigen aber deutlich, dass wir von einer Kombination von nicht-figurativen und figurativen Elementen auszugehen haben. Die nicht-figurativen Elemente sind bei den südsyrischen Belegen (Abb. 1a-e und 11-12) durch die Krümmung der Balken, die Hinzufügung eines Schwertes und die Ohrringe auf der Tell el-Ašʿari-Stele gemildert, aber nicht aufgehoben. Krebernik/Seidl bemerken dazu: „ Dem Norden Syriens ist ein Emblem, das aus an einem Pfosten befestigten Köpfen besteht, weniger befremdlich[64], kennen wir doch aus der altsyrischen Glyptik die Stange mit einem oder zwei menschlichen Köpfen."[65] Für diesen Kultgegenstand wird auf einen Aufsatz von H. Seyrig von 1960 verwiesen. In diesem Aufsatz stellt Seyrig 16 syro-kappadokische und altsyrische Rollsiegel zusammen, die er in die Zeit zwischen 1900 und 1400 oder 1300 datiert[66], die aber eher in die Zeit zwischen 1900 und 1700 gehören. Die beiden Abdrücke auf Keilschrifttafeln aus Kültepe/Karum Kaniš (**Abb. 17-18**)[67] sind durch die Tafeln der Schicht II, auf

---

[63] Seyrig 1959, 46.

[64] Gemeint ist: als dem südsyrischen Bereich, wo die anthropomorphisierende Tell el-Ašʿari-Stele und jetzt auch die Betsaida-Stele herkommen.

[65] Krebernik/Seidl 1997, 108.

[66] Seyrig 1960, 326f.

[67] Hrozny 1952, Pl. LXX; Özgüç 1953, Pl. LXII, 697.

denen sie erscheinen, zeitlich und chronologisch in die Zeit um 1920-1850 fixiert. Die 14 anderen Belege Seyrigs stammen alle aus dem Handel und haben so keinen Fundort, der sie räumlich und zeitlich einordnet. Das kann nur aufgrund stilistischer oder ikonographischer Merkmale geschehen. Stilistisch gehört eines (Seyrigs Nr. 4) auch noch der syro-kappadokischen Glyptik an. Die anderen 13 sind alle altsyrisch. Ikonographisch haben wir es nach Seyrig durchwegs mit einer senkrechten Stange zu tun, die auf einem kleinen Sockel steht. An der Stange sind zwei stets im Profil dargestellte Masken befestigt, die eine am oberen Ende, die andere auf halber Höhe. Nur auf einem einzigen, ziemlich unsorgfältig geschnittenen Stück ist die untere Maske weggelassen.[68] Die beiden Masken sind immer bartlos. Die obere trägt eine lange Haarsträhne, die nach hinten einen grossen Bogen bildet. An der Stirne erhebt sich ein ‚Horn‘, das manchmal wie ein Teil der Frisur aussieht, manchmal ein betontes spitzes vertikales Horn bildet. Die untere Maske hat kurzes Haar, ohne ‚Horn‘ und Bogen. Auf sieben der 16 Belege sitzt auf dem oberen Kopf ein Vogel mit ausgebreiteten Flügeln.[69] Seyrig weist darauf hin, dass der Kultgegenstand zusammen mit einer Verehrerin (**Abb. 19**)[70], mit zwei Verehrerinnen (**Abb. 20**)[71] bzw. verschiedenen verehrenden Gottheiten und Menschen dargestellt ist. In vier Fällen steht er auf einem Tier, dreimal auf einem Löwen (vgl. Abb. 18 und 23), einmal auf einem gehörnten Tier. Tiere als Podest sind Gottheiten vorbehalten. Auf drei Belegen erscheint der Kultgegenstand isoliert oder als einziges figuratives Motiv (**Abb. 21**).[72] Seyrig schliesst daraus, dass der Gegenstand auch apotropäische und prophylaktische Bedeutung besass. In seiner Umgebung erscheinen verschiedene Gottheiten wie der Wettergott, die nackte Göttin und andere meist nicht zu identifizierende Gestalten, so dass wir den Gegenstand nach der Meinung von Seyrig keinem bestimmten Kult zuweisen könnten, wenn da nicht die Lukian zugeschriebene Schrift aus dem 2. Jh. n. Chr. *De Dea Syria* wäre, die uns über Gottheiten und Kulte von Hierapolis, dem antiken Bambyke oder Manbog/Mabbug (heute el-Manbeǧ westlich vom Eufrat in der Nähe von Karkemisch) informieren würde. In den §§ 31und 32 schildert die Schrift die Statuen des Zeus (Hadad) und der Hera (Atargatis), die im innersten Raum des Tempels stehen, und beschreibt dann in § 33 einen goldenen Gegenstand, der zwischen den beiden Statuen zu sehen sei: „Er hat keine eigene (menschli-

---

[68] Seyrig 1960, 235 Nr. 8.

[69] Seyrig 1960, 233.

[70] Von der Osten 1934, Nr. 312 = Buchanan 1981, Nr. 1180 = Winter [2]1987, Abb. 264.

[71] Von der Osten 1957, Nr. 303.

[72] Seyrig 1960, Pl. IX Nr. 12.

che) Gestalt, sondern trägt die Eigenheiten (Symbole) der anderen Götter.
Er wird ‚Zeichen‘ genannt (τὸ δὲ μορφὴν μὲν ἰδίην οὐκ ἔχει, φορέει
δὲ τῶν ἄλλων θεῶν εἴδεα. καλέεται δὲ σημήιον), auch von den Sy-
rern selbst. Sie haben ihm keinen eigenen Namen gegeben und sprechen
weder von seinem Ursprung noch von seiner Form ... Auf seiner Spitze
steht eine goldene Taube."[73] Seyrig findet in diesem ‚Zeichen‘ den Kultgegenstand wieder, der auf altsyrischen Siegeln dargestellt ist. Er ist sich
bewusst, dass rund 2000 Jahre die Belege trennen, verweist dazu aber auf
christliche Ikonen, die ihre Bildthematik ebenfalls über sehr lange Zeit
nicht geändert haben. Die römischen Münzen aus der Zeit Caracallas’ und
Alexander Severus’ (s. Abb. 25-26) und ein Relief, die die Dreiergruppe
abbilden, zeigen im Zentrum einen Gegenstand in der Form eines
römischen Feldzeichens: Eine Stange mit einem Vogel an der Spitze, an der
runde Medaillons befestigt sind, auf denen sich wohl kleine Reliefs mit
Götterdarstellungen befanden. Seyrig schreibt diese Form römischem Einfluss zu und vermutet, dass das altehrwürdige ‚Zeichen‘ ganz anders
ausgesehen habe, wie eben der Kultgegenstand auf den altsyrischen Siegeln.
P. Matthiae hat 1986 in Ebla zum ersten Mal ein altsyrisches Siegel mit
dem Kultgegenstand der Stange mit den zwei Gesichtern oder Masken
(**Abb. 22**)[74] in einem archäologischen Kontext gefunden, in einer *favissa* in
dem der Ischtar heiligen Bezirk (P2) in der nordwestlichen Unterstadt von
Ebla. Der Inhalt der *favissa* lässt sich in die Zeit zwischen 1800 und 1750
datieren. Matthiae identifiziert den oberen Kopf mit an Sicherheit grenzen-
der Wahrscheinlichkeit als Frauenkopf. Der untere sei wahrscheinlich
männlich. Matthiae ist überzeugt, dass der auf dem Siegel abgebildete
Kultgegenstand im Tempel der Ischtar gestanden hat. Ein grosses Fragment
eines Basaltaltars, wie er auf dem Rollsiegel dargestellt sei, sei im heiligen
Bezirk gefunden worden. Matthiae nimmt gegen Clemen[75] und mit Caquot[76], Seyrig[77] und Oden[78] an, dass der Kultgegenstand nicht den Sohn
des göttlichen Paares, sondern dieses selber darstellte.[79] Auf den Siegeln,
die den Kultgegenstand zeigen, sei dieser häufig, wie auf dem Ebla-Siegel,

---

[73] Attridge/Oden 1976, 45 § 33
[74] Matthiae 1993, 659 Fig. 25 = Matthiae 1995, 417 Nr. 275.
[75] Clemen 1938, 42f.
[76] Caquot 1955, 66.
[77] Seyrig 1960, 241.
[78] Oden 1977, 109-155
[79] Matthiae 1993, 660.

zusammen mit einer Priesterin[80] oder mit der frontal dargestellten nackten Göttin und dem Wettergott zu sehen, so auf einem Siegel des späten syro-kappadokischen Stils aus Alalach (**Abb. 23**).[81] Ein Relief-Fragment, das wahrscheinlich aus dem Tempelbereich stammt, zeigt die verschleierte Priesterin vor Hadad.[82] Es könnte ein Indiz sein, dass dort neben der Göttin auch der Wettergott verehrt wurde.[83] Der Frauenkopf an der Spitze des Kultgegenstands, der Löwe als sein Trägertier (Abb. 18 und 23) wie auch die Priesterin sind allerdings Hinweise dafür, dass der altsyrische, auf den Rollsiegeln dargestellte Kultgegenstand primär eine Göttin vergegenwärtigte. Oden kommt in seiner ausführlichen Untersuchung zum hierapolitanischen σημήιον ebenfalls zum Schluss, dass dieses die syrische Göttin repräsentierte.[84]

Der von Seyrig und Matthiae postulierte Zusammenhang zwischen dem Kultgegenstand auf den altsyrischen Siegeln und dem 2000 Jahre später bezeugten σημήιον von Hierapolis scheint uns nicht so eindeutig zu sein, wie das die beiden Autoren darstellen. Nach 1700 ist der Kultgegenstand mit den zwei Gesichtern bzw. Masken nicht mehr bezeugt. Zwar finden wir auf etwas späteren Siegeln noch gelegentlich einen einzelnen Menschenkopf (oder einen Helm?) auf einer Stange (**Abb. 24**)[85], aber diese haben mit dem altsyrischen Kultgegenstand wenig zu tun. *Absence of evidence is no evidence of absence.* Dennoch sollte man bei einem Graben von 2000 Jahren eine Brücke zu bauen versuchen. Diese könnte in einer weitgehenden Identität der beiden in so grossem Abstand bezeugten Objekte bestehen. Nach den Darstellungen des σημήιον auf römischen Münzen (**Abb. 25-26**)[86] aus der Zeit Caracallas' (211-217 n. Chr.) und Alexander Severus' (222-235 n. Chr.) hat dieses aber wenig Ähnlichkeit mit dem Kultgegenstand auf den altsyrischen Siegeln. Die Münzen zeigen zwischen den anthropomorphen Sitzstatuen des Zeus-Hadad, der auf zwei Stieren, und der Hera-Atargatis, die auf zwei Löwen thront, einen Naos mit

---

[80] Auf den von Seyrig 1960 zusammengestellten Siegeln ist dies auf den Nr. 1, 3, 5-7, 13 und 16 der Fall.

[81] Collon 1982, 40-42 Nr. 9. Für diese zweite Kombination weist Matthiae allerdings nur noch auf Seyrig 1960, Nr. 9 (BM 89 948) hin.

[82] Matthiae 1993a, 389-397, Pl. 69,1, 70,1, 71,1.

[83] Matthiae 1993, 661.

[84] 1977, 149.

[85] Collon 1975, Nr. 140, Alalach; vgl. auch Frankfort 1939, Pl. XLV,n = Amiet 1992, 122.124 und 127 Nr. 300; hier scheint es sich allerdings um einen auf eine Lanze aufgespiessten Kopf zu handeln, der nichts mit dem Emblem der Abb. 13-19 zu tun hat; ähnlich kann Buchanan 1966, Nr. 875, Ashmolean, interpretiert werden.

[86] Oden 1977, 111f und 160 Fig. 1-2.

einer Taube auf dem Giebel und im Naos eine Stange mit drei, bzw. vier runden Scheiben mit einem Punkt im Zentrum. Man kann die Bedeutung dieser Darstellungen abwerten, indem man sie auf den Einfluss römischer Feldzeichen zurückführt.[87] Aber die oben zitierte Beschreibung in *De Dea Syria* kommt dem altsyrischen Kultgegenstand auch nicht näher, da darin weder von Gesichtern noch von Masken die Rede ist, sondern recht abstrakt von „Symbolen" der anderen Gottheiten. Der Zusammenhang zwischen dem ‚zweigesichtigen' Kultgegenstand auf den altsyrischen Siegeln und dem σημήιον von Hierapolis beruht also weitgehend auf der Behauptung, das σημήιον der hellenistisch-römischen Zeit hätte in Wirklichkeit anders ausgesehen, als es die zeitgenössischen Quellen darstellen, nämlich so wie der altsyrische Kultgegenstand. Das mag sein, ist aber nicht mehr als eine Annahme. Der altsyrische Kultgegenstand zeigt uns aber, dass es spätestens seit dem Beginn des 2. Jt. in Nordsyrien und Südostanatolien eine Tradition der Kombination nicht-figurativer (Sockel, Stange) und figurativer Elemente gegeben hat, die auf der Betsaida- und auf den ihr verwandten Stelen wieder auftaucht.

Die Vitalität der Kombination figurativer und nicht-figurativer Elemente in altsyrischer Zeit bezeugt die Tatsache, dass diese nicht auf den Kultgegenstand mit den zwei Gesichtern oder Masken beschränkt bleibt. In der Pierpont Morgan Library findet sich ein altsyrisches Siegel, das einen Kopf mit einem Hörnerhelm zeigt, der einer Stange aufgesetzt ist, von deren oberem Ende symmetrisch je drei schräg nach unten weisende Balken weggehen (**Abb. 27**).[88] Porada deutet das nicht-figurative Element als Standarte oder als Palme. Der zweite Deutungsvorschlag geht auf H. Frankfort zurück, der das Stück im Kontext des sakralen Baumes („sacred tree") behandelt hat.[89] Aber ein Blick auf H. Danthine's „Le palmier-dattier et les arbres sacrés dans l'iconographie de l'Asie Occidentale ancienne" (Paris 1937) zeigt, dass Palmen anders stilisiert worden sind. Die Äste weisen, wie das das ‚Original' nahelegt, stets nach oben. In ihrem Katalog beschränkt sich Porada denn auch mit Recht auf die erste Deutung „Standarte".[90] Diese Deutung ist auch bei Abb. 32 gegenüber der vom Baum zu bevorzugen. Vor der Standarte mit dem helmbewehrten Kopf von Abb. 27 ist in verehrend-begrüssender Haltung die Syrische Göttin zu sehen, „die einen mit einem Hörnerpaar versetzten Zylinderhut trägt"[91]; hinter der Standarte steht eine ähnliche Gottheit, aber ohne Hörner am Zylinder, dafür aber mit

---

[87] Seyrig 1960, 239.
[88] Porada 1948, Nr. 956.
[89] Frankfort 1939, 206 und 277, Pl. XLIVh.
[90] Porada 1948, 127.
[91] Winter [2]1987, 420.

einem Vogel, wahrscheinlich einer Taube darauf. Hinter der Syrischen Göttin ist eine offensichtlich verhüllte Frau in der gleichen verehrend-grüssen-
den Haltung dargestellt.

Die Kombination figurativer und nicht-figurativer Elemente ist auch ohne
nachweisbare Tradition zwischen ca. 1650 und 900 eine Tatsache, denn es
kann gezeigt werden, dass das nicht-figurative Element der Stele auch ohne
das figurative, den Stierkopf, gefunden wird (Abb. 14d, 15 und 16); das figurative also sekundär zu einem nicht-figurativen hinzugekommen ist.
Bemerkenswert ist dabei, dass das ‚Gestell‘ zwar ohne Stierkopf, nie aber
ohne die ‚Rosette‘ bzw. die vier Kugeln gefunden wird. Sie können also
nicht mit Galling als belangloses „Füllsel“ abgetan werden.[92]

3.2. Das ‚Gestell‘ mit der ‚Rosette‘

Beim Versuch, das ‚Gestell‘ mit der ‚Rosette‘ auf Abb. 15 und 16 zu verstehen, kann der altsyrische Kultgegenstand (Abb. 17-23) kaum weiter hel-
fen, wohl aber ein Blick auf die sogenannte hethitische Hieroglyphenschrift, die in diesem Raum zwischen ca. 1250 und 700 v. Chr. im Gebrauch war. Diese Schrift kennt ein Zeichen (Nr. 268), das ungefähr einem
Pfeil mit breiter grosser Spitze gleicht, der auf dem Schaft steht (**Abb. 28**).
Seine Bedeutung ist „Skulptur, Säule“, aber auch „Mauer“ oder „Steinschale“.[93] Das Zeichen erscheint z.B. auf einer Inschrift aus dem 1. Jt. aus
Niğde (**Abb. 29**).[94] Die Übersetzung lautet: „Diese Skulptur hat Saruwani
gemacht. Das (ist sein) Denkmal.“ Von dieser Bedeutung her stellt sich die
Frage, ob die Form der Hieroglyphe, deren relativ lange Schrägbalken bei
einem Meissel (vgl. Anm. 93) wenig Sinn machen, nicht besser als Hinweis
auf Monumente und Kultgegenstände verstanden werden kann, die ungefähr diese Form hatten.

Wie immer es sich mit der Form dieses hieroglyphen-luwischen Zeichens
und seiner ‚Etymologie‘ verhält, die Hieroglyphenschrift mit ihrem hohen
Grad an Abstraktion und ihrer Kombination figurativer und nicht-figurativer Elemente bot jedenfalls ein mentales und imaginatives Umfeld, das
Kompositgebilde wie das auf der Stele von Betsaida und auf ihren näheren
und entfernteren Verwandten verständlich macht. Auf Rollsiegeln aus dieser Zeit und diesem Raum finden wir denn auch ähnliche Gebilde. Sie da-

---

[92] Galling 1953, 186.
[93] Laroche 1960, 139f Nr. 268; Werner 1991, 78 Nr. 268; Laroche 1960, 139,
vermutet, es könnte sich um den Meissel des Steinhauers handeln. In Verbindung
mit der Hieroglyphe Nr. 267 „Stele“ bedeutet sie „beschriftete“, „reliefierte Stele“.
[94] Werner 1991, 52, Fig. 22; vgl. Woolley 1921, Pl. A.16.b (Karkemisch)

tieren ins späte 9. und ins 8. Jh.[95] Die meisten finden sich in der Ex-Marcopoli-Sammlung, die in Aleppo entstanden ist und hauptsächlich Material
aus Nordsyrien enthält.[96] Sehr häufig ist in dieser Gruppe das Mondemblem von Harran zu finden[97], das aus einem Sockel und einer Stange
besteht, an deren Spitze waagrecht ein Sichelmond angebracht ist. Am
Berührungspunkt von Stange und Mond hängen zwei Troddeln herunter.[98]
Nebst diesem bekannten Kultgegenstand finden sich aber auch weniger
bekannte, wie z.B. einer, bei dem an Stelle des Neumonds zwei waagrechte
Linien/Leisten und darüber drei mal drei Kugeln zu sehen sind (**Abb. 30**).[99]
Teissier bemerkt dazu: „Its significance is obscure.“[100] Seit der Kerkuk-
Glyptik wird das Siebengestirn (Plejaden) regelmässig durch sieben Punkte
bzw. Kugeln dargestellt. Spätestens seit der neuassyrischen Zeit sind sie
das Symbol der Dämonengruppe *sebettu*. Das Symbol erscheint auf neuassyrischen und aramäischen Siegeln ungemein häufig.[101] Von dieser Ge-
pflogenheit sind wahrscheinlich auch die neun Punkte oder Kugeln von
Abb. 30 als astrales Phänomen zu deuten.[102] Das dürfte auch bei einem
Skaraboiden im Vorderasiatischen Museum in Berlin der Fall sein, auf dem
neben dem Mondemblem von Harran eine ebenfalls mit Troddeln ge-
schmückte Stange mit acht Kugeln zu sehen ist. Die Kugeln sind als
‚Rosette‘ angeordnet (**Abb. 31**).[103] Ein anderes ebenso ungewöhnliches
Symbol wie die Standarten mit den neun (Abb. 30) oder acht Kugeln findet
sich auf einem weiteren Siegel der Ex-Marcopoli-Sammlung: Auf einer
Standlinie steht ein Pfosten, von dem, in der oberen Hälfte, je zwei Balken
links und rechts schräg nach unten ragen; am Ende jedes Balkens ist eine
kugelförmige Vertiefung; den oberen Abschluss des Ganzen bilden drei,
evtl. vier „Kugeln“, wobei die vierte allerdings nicht ganz korrekt ausgeführt wäre (**Abb. 32**).[104] Der Verehrer rechts davon charakterisiert das

---

[95] Teissier 1984, 40.
[96] Teissier 1984, XVII.
[97] Teissier 1984, Nr. 248-252; vgl. auch Delaporte 1910, Nr. 339; Porada 1948,
Nr. 706; Gordon 1953, Pl. 69,37 = Keel/Shuval/Uehlinger 1990, 240f Fig. 58.
[98] Zu diesem Emblem und seiner Geschichte vgl. Keel 1994, 135-202.
[99] Teissier 1984, Nr. 250 = Christie's 1993, 190 Lot Nr. 270, drittes von oben.
[100] Teissier 1984, 41.
[101] Seidl 1989, 101-103 und 234.; Sass/Uehlinger 1993, 77 Fig. 6, 81 Fig. 7. Keel
1994, 176-178 und 198 Abb. 97 und 100.
[102] Krebernik/Seidl erwägen, ob die vier Kugeln nicht Hagelkörner darstellen
könnten. Diese Identifizierung ist von der Annahme geleitet, es handle sich um
einen Wettergott (1997, 110).
[103] Jakob-Rost 1975, Nr. 412.
[104] Teissier 1984, Nr. 245 = Christi's 1993, 189 Lot Nr. 269, drittes von oben.

Objekt als Kultgegenstand. Durch eine geflügelte Scheibe, einen springen-
den Capriden und einen Rhombus getrennt ist ein zweiter Kultgegenstand
zu sehen. Es handelt sich wohl um den stark stilisierten, mit zwei Troddeln
geschmückten ,Spaten' des Marduk, den *marru*[105] mit einem Stern darüber.[106] Den Kultgegenstand rechts auf Abb. 32 bezeichnet Teissier als
„sacred tree".[107] Nun erscheint der sakrale Baum auf dieser Siegelgruppe
häufig und in sehr schematisierten Formen, fast immer aber ist über dem
Baum die geflügelte Scheibe zu sehen[108]; wo das einmal nicht der Fall ist,
ist die Palme als Urbild des sakralen Baumes noch deutlich zu erkennen.[109]
Wir haben im Kultgegenstand auf Abb. 32 aus diesem Grund wohl ein
Emblem zu sehen, das ähnlich wie die Embleme auf Abb. 30 und 31 eine
Sternengruppe zu vergegenwärtigen sucht. Die vier Kugeln an den Balken
ergäben zusammen mit denen an der Spitze das Siebengestirn. Der Kult-
gegenstand auf der Gaziantep-Stele (Abb. 13) steht dem von Abb. 32 nahe.
Nur scheinen dem Gebilde an der Spitze des Pfostens bei der Gaziantep-
Stele die Mondsichel mit dem Vollmond als Vorbild gedient zu haben. Das
Emblem auf Abb. 32 steht auch dem auf der Adadnerari-Stele (Abb. 15)
nahe. Man käme dort dann wie auf Abb. 30 auf neun Sterne. Man muss
sich fragen, wie korrekt der Kultgegenstand auf der Stele wiedergegeben
ist. Es ist, soweit wir sehen, der einzige Beleg, auf dem das ,Gestell' horizontal dargestellt ist. Es ist deshalb nicht mit Sicherheit zu sagen, was
oben und unten ist. Auf neun Gestirne käme man auch, wenn man bei Abb.
14d die Balkenenden und die vierteilige ,Rosette' zusammenzählen würde.
Generell scheint zu gelten, dass das Emblem, das in einer südsyrischen
Variante in der Betsaida-Stele vorliegt, offensichtlich nie eine breit akzep-
tierte, quasi kanonische Gestaltung erfahren hat.
Nebst den Emblemen mit sieben, acht oder neun Gestirnkugeln sind aus der
Gegend am Amanus mindestens drei Belege bekannt, die das Mondemblem
von Harran mit vier Gestirnkugeln kombinieren. Bei allen Dreien hängen
die Troddeln direkt an der Mondsichel. Der älteste Beleg dürfte ein Hä-
matit-Skaraboid sein, der auf dem Tell el-Farʿa (Süd) in Palästina als Ober-
flächenfund geborgen worden ist (**Abb. 33**).[110] Der Skaraboid gehört zu

---

105 Seidl 1989, 117-121 und 233.
106 Eine gute, etwas weniger schematisierte Parallele ist Porada 1948, Nr. 699; vgl.
auch ebd. Nr. 700.
107 Teissier 1984, 41 und 174.
108 Teissier 1984, Nr. 240-243.249.251.255.
109 Teissier 1984, Nr. 244.262.
110 Petrie 1930, 9 und Pl. 22,236 = Keel/Shuval/Uehlinger 1990, 371 Nr. 15, Pl.
XX,3.

einer Gruppe, die ins ins 10., evtl. ins 9. Jh. zu datieren ist und so gut wie
sicher aus Nordsyrien nach Palästina importiert wurde.[111]
Ein zweiter Beleg, ebenfalls ein Skaraboid, diesmal aus rotem Serpentin, ist
bei den deutschen Grabungen in Zincirli gefunden worden (**Abb. 34**).[112]
Das Mondemblem von Harran ist diesmal von zwei schematisierten Bäu-
men flankiert.[113] Die vier Kugelsterne sind unter der Standlinie aufgereiht.
Das Stück dürfte ins 8. Jh. zu datieren sein. Besonders interessant ist ein
Beleg, der laut Inschrift einem „Paʿar vom Amanus" (*pʿr ḥmn*) gehört hat.
Auf der Basis des basaltartigen Prismas mit Griff ist über einem Gittermu-
ster ein ‚Gestell' zu sehen, auf dem ein Sichelmond ruht, an dem wie bei
Abb. 33 und 34 zwei Troddeln hängen (**Abb. 35**).[114] Die Troddeln sind
hier stark schematisiert. Zusammen mit den zwei äusseren Balken des Drei-
fusses, der Basis des ‚Gestells', bilden sie ein ähnliches ‚Gestell' wie das
auf Abb. 32. Zwischen dem oberen und dem unteren ‚Balken' rechts findet
sich die Gruppe von vier Kugelsternen, die wir schon von Abb. 33 kennen.
Auf der linken Seite entspricht ihnen ein weiterer Schrägbalken. Ganz auf
der linken Seite ist unten ein Strahlen- und oben ein Kugelstern zu sehen.
Bordreuil datiert das Stück in die 2. Hälfte des 8. Jh.[115] Vierergestirne finden sich vereinzelt auch sonst auf neuassyrischen Siegeln, jedesmal in
Kombination mit einer ganz anderen Szene.[116] Mit dem Mondemblem sind
sie mehrmals verbunden. Noch öfter ist das der Fall, wenn man sich nicht
auf die Fälle beschränkt, wo es ganz deutlich vier sind. Auf einem Rollsiegel, das zur Gruppe der Kugelbohrer-Siegel gehört, sind rechts und links
vom Ständer je zwei Kugelsterne zu sehen (**Abb. 36**).[117] Wie bei Abb. 16
sind die Kugeln hier auf beide Seiten verteilt. Wenn man die beiden kleineren Kugeln rechts und links vom Schaft über dem Ständer dazu zählt,
kommt man auf sechs. Auf einem unveröffentlichten Rollsiegel im Bri-
tischen Museum (**Abb. 37**)[118], auf das mich Dominique Collon hingewiesen hat, ist einzig ein isolierter Kugelstern mit dem Sichelmondemblem
verbunden, es sei denn man zähle die Kugeln an den Enden der Balken
dazu. Unklar ist die Zahl der Kugelsterne auch auf einem schlecht

---

[111] Keel 1995, § 359f.
[112] Von Luschan/Andrae 1943, Taf. 38,f = Keel 1994, 152 und 188 Abb. 28.
[113] Zu Parallelen und zur Bedeutung dieser Flankierung siehe Keel 1977, 286-289
Abb. 208-211a.
[114] Bordreuil 1986, 21f Nr. 4 = Keel 1994, 155 und 189 Abb. 38.
[115] Bordreuil 1986, 21.
[116] Teissier 1984, Nr. 204, zusammen mit einer assyrischen Opferszene; Parker
1949, Nr. 122, hinter einem Bogenschützen.
[117] Delaporte 1910, Nr. 340.
[118] BM WAA 89 482, rotbrauner Karneol, 19 x 10 mm.

erhaltenen Silberanhänger, der bei den Grabungen in Zincirli gefunden worden ist (**Abb. 38**).[119] Hier ruht der Sichelmond nicht auf einer Stange, sondern auf einem sich nach oben verjüngenden Sockel (vgl. Abb. 113), der aus vier Quadern besteht.

Von dem ,Viergestirn' abgesehen, wird der Sichelmond aber auch sonst gelegentlich mit der Vierzahl verbunden. Auf einem Siegel des Kugelbohrtyps sind links der Stelle, wo der Mond auf dem Schaft aufliegt, deutlich vier Striche zu sehen (**Abb. 39**).[120] Und im hieroglyphen-luwischen Schriftsystem wird der nach unten hängende Sichelmondanhänger, das Zeichen Nr. 193, manchmal ohne und manchmal mit vier Strichen geschrieben (**Abb. 40**) und bedeutet „Mond" und „Monat".[121] Es ist nicht klar, ob die vier Striche nur das phonetische Element *ma* bedeuten. Interessant ist, dass der Widderkopf, der auf dem Rollsiegel von Abb. 16 neben dem ,Gestell' mit den vier Kugeln erscheint, im hieroglyphen-luwischen Schriftsystem phonetisch die Bedeutung *ma* hat.[122]

Mit den vier Kugeln oder Strichen könnten die vier Phasen des Mondes gemeint sein. „Für astrologische Zwecke wurde die Mondscheibe in vier Quadranten eingeteilt, die den vier Weltregionen entsprachen."[123] In den 567 astrologischen Berichten an assyrische Könige, die H. Hunger 1992 publiziert hat, spielt der Mond in 380 (67%) Berichten eine meist entscheidende Rolle, viel öfter als irgendein anderes Gestirn. Die Sonne kommt weniger als halb so oft vor. Die Plejaden werden ganze 24 mal (d.h. in 4,2% der Berichte) genannt. Auf dem Bronzekästchen erscheinen die vier Kugeln als vier Viertel eines runden Objekts (Abb. 14b und d) und auf Abb. 14c gar als Kreis mit vier Vierteln. Vor allem suggerieren die Abb. 33-35 einen Zusammenhang zwischen den vier Kugeln und dem Mond. Da bei den Beispielen von Abb. 33-35 und 39-40 auf dem ,Gestell' stets der Neumond zu sehen ist, dürfte es sich bei den vier Kugeln bzw. beim vierteiligen Rad (Abb. 14b-d) um den Vollmond handeln. Dieser wird schon in älterer Zeit (vgl. Abb. 48.52 und evtl. 53), aber auch im 9.-7. Jh. gelegentlich als viergeteilte Scheibe dargestellt, so z.B. am oberen Ende einer mit einer stark abgenutzten und so nicht lesbaren hieroglyphen-luwischen Inschrift versehenen Stele aus Karkemisch (**Abb. 41**).[124] Die vier Teile sollen

---

[119] Von Luschan/Andrae 1943, 99 und Taf. 44,f und 46,f.

[120] Porada 1948, Nr. 711.

[121] Laroche 1960, 102f Nr. 193; Werner 1991, 76 Nr. 193; Bossert 1932/1933, 303 Abb. 5; zu den vier Strichen vgl. schon Güterbock 1942, 24f. Als Teil der Schrift vielleicht Element des Wortes *arma-* „Mond".

[122] Laroche 1960, 70f Nr. 110; Werner 1991, 74 Nr. 110.

[123] Krebernik/Seidl 1997, 111.

[124] Woolley 1921, Pl. A.16.c1; Meriggi 1975, 327 Nr. 185, Tav. XVI.

wohl die vier Phasen des Mondes resp. den vollen ,Mond' bzw. ,Monat'
repräsentieren. Von der Bedeutung her, die die Zahl ,Vier' im lunaren
Kontext hat, sind wohl auch die vier Balken des ,Gestells' zu verstehen.
Das hieroglyphen-luwische Zeichen Nr. 268 (Abb. 28-29) hat ja nur zwei
Balken. In der ursprünglich wohl dreidimensionalen Form dürften die vier
Balken des ,Gestells' in vier Richtungen gezeigt und den Einfluss des
Neumondes bzw. des Mondes auf die vier Weltregionen symbolisiert haben
(vgl. bes. Abb. 14d).

3.3. Der Stierkopf

Von der ersten Publikation eines Denkmals der Gruppe im Jahre 1938 bis
zu ihrer letzten Bearbeitung 1997 ist die dargestellte Grösse als „Hadad"[125], als „Wetter- oder Kriegsgott"[126], als „dieu de la foudre"[127], als
Ba'al[128] bzw. wiederum als „Wettergott"[129] bzw. „Adad/Hadad"[130] identifiziert worden. Der Hauptgrund für diese Identifikation war der Rinder-
bzw. Stierkopf, wie dies am deutlichsten Seyrig formuliert hat.[131]
Die Identifikation erfolgte in jüngerer Zeit wiederholt weniger zuversicht-
lich als früher. Cornelius versieht sie mit einem Fragezeichen. Kreber-
nik/Seidl offerieren nach der traditionellen Identifizierung mit dem Wettergott einigermassen überraschend die nur andeutungsweise begründete Alternative: „Andererseits könnte das Bukranion jedoch auf den Mondgott
weisen."[132]
Diese Alternative scheint uns tatsächlich die wahrscheinlichere. In
Richtung Mondgott weist die ,Rosette', die auf den Belegen von Abb. 33-
35 eng mit dem Emblem der Mondgottes von Harran verbunden ist. Der
Stier ist seinerseits kein so eindeutiges Indiz für den Wettergott, wie oft an-
genommen wird. Denn die Beziehungen zwischen Mond und Stier sind
mindestens ebenso alt, wahrscheinlich aber älter als die zwischen Wettergott und Stier.

---

[125] Ronzevalle 1937/1938, 53.
[126] Galling 1953, 186.
[127] Seyrig 1959, 45.
[128] Cornelius 1994, 165.
[129] Krebernik/Seidl 1997, 110.
[130] Misch-Brandl 1997, 9.
[131] Seyrig 1959, 45: „Le taureau, indice d'un culte agraire, est en Syrie l'attribut
invariable du dieu de la foudre".
[132] Krebernik/Seidl 1997, 110. Zur Begründung siehe oben Abschnitt 2.2.2. (18f).

3.3.1. *Mondgott und Stier in sumerischen und akkadischen Texten*

Auch Krebernik/Seidl wissen (ohne es in diesem Zusammenhang zu sagen), dass die mesopotamische Tradition seit sumerischer Zeit die Stierhörner mit dem im Nahen Osten häufig horizontal liegenden Neumond assoziiert hat.

In sumerischen und akkadischen Hymnen wird der Mondgott als „Herr der Hörner" *bēl qarnī* "[133], als „gehörnt" *qarnû* bzw. s i . m ú [134], als „gehörnter Stier" *būru eqdu ša qarnī kabbarū* u.ä. [135] und als „das starke Kalb des Anu" a m a r b à n - d a a n - n a - g é [136] gepriesen. Ein Mythos, der seit sumerischer Zeit im Rahmen von magischen Texten und Ritualen zur Erleichterung der Geburt überliefert wird, erzählt von einer Kuh namens g e m e - s u e n a „Magd des (Mondgottes) Sin". [137] Sie ist von verführerischer Gestalt. Sin verliebt sich in sie und bespringt sie heimlich in Gestalt eines Wildstiers. Wie sie in Wehen kommt, sendet er zwei Lamassu-Göttinnen, die sie mit speziellem Öl und Wasser besprengen und eine leichte Geburt bewirken. Das Gleiche soll Sin für die Frau tun, die in Wehen liegt und über der dieser Text rezitiert wird. [138]

---

[133] Tallquist 1938, 51. Er transkribiert *qar-ni*. Ich verdanke diese und die folgenden Transkriptionen P. Attinger, Bern.

[134] Tallquist 1938, 164. Er transkribiert *si.sar*. Hall 1985, 693-695.

[135] Tallquist 1938, 445f. Er transkribiert *pūru iqdu*.

[136] Tallquist 1938, 154; Hall 1985, 632-634.

[137] Letzte Textedition, Übersetzung ins Englische und kurze Forschungsgeschichte bei Veldhuis 1991; eine zuverlässige deutsche Übersetzung bei Farber 1987, 274-277. M. Stol hat darauf hingewiesen, dass die Frau Schulgi's, eines Königs der Ur III-Zeit (ca. 21. Jh. v. Chr.), Geme-Suena hiess und dass die Komposition ursprünglich für sie geschaffen worden sein könnte, als sie vor einer schweren Geburt stand (1983, 30).

[138] Nicht auf sumerisch-akkadische, sondern auf Texte der Hebräischen Bibel hat L.R. Bailey rekurriert, um die enge Beziehung zwischen Mond und Stier darzutun (1971, 97-115). Aufgrund der engen Beziehungen der Patriarchen zu Harran, die die Bibel herstellt (Gen 24; 27f und 31) und einer Reihe anderer Indizien wollte er die von der Bibel erwähnten Stierbilder in Bet-El, in Dan und am Sinai, die sog. „Goldenen Kälber" (1 Kön 12 und Ex 32), auf den Mondgott von Harran beziehen. Das Problem dieser Herleitung ist, dass die Überlieferungen in 1 Kön 12 und die mit diesem Kapitel zusammen hängenden Texte (z.B. Hos 10,5f; 13,2) wie auch die Überlieferung von Ex 32 schwer mit den Patriarchengeschichten zu korrelieren sind (zur Kritik an Bailey vgl. weiter Hahn 1981, 337).

3.3.2. *Mondgott und Stier in der bronze- und eisenzeitlichen Ikonographie Mesopotamiens und Syriens*

Die von zahlreichen Texten suggerierte Verbindung des Mondgottes mit dem Stier findet auch in einer recht vielfältigen Ikonographie Ausdruck,[139] und das schon seit frühdynastischer Zeit (ca. 2900-2350). Mit dem Wettergott scheint der Stier dagegen erst in Syrien und Anatolien seit Beginn des 2. Jt. nachweisbar verbunden zu sein.[140] Auf einem frühdynastischen Rollsiegel beispielsweise ruht die Stange mit dem Sichelmond, von dem zwei „Perlenschnüre" herunterhängen, auf einem M-förmigen Gestell, das in Stierfüssen endet (**Abb. 42**).[141] Das Emblem wird von einem sitzenden Mann und einer sitzenden Frau flankiert. Eine ebenfalls frühdynastische Gravierung von ungewöhnlicher Grösse (97,4 x 49 cm) aus Ur zeigt einen Priester in ritueller Nacktheit mit einem Libationsgefäss vor einer Stange, die auf dem M-förmigen stierfüssigen Gestell ruht (**Abb. 43**, vgl. auch Abb. 42)[142]. Der obere Teil ist weggebrochen, aber die zwei Bänder, die herunterhängen, suggerieren, dass auch hier wie auf Abb. 42 die liegende Mondsichel den oberen Abschluss bildete. Das M-förmige, stierfüssige Gestell findet sich in der anschliessenden Akkadzeit mehrmals in Verbindung mit dem anthropomorphen Mondgott.[143]

In das erste Viertel des 2. Jt. gehört ein Rollsiegel, das auf dem Tell Leilan (Syrien) gefunden worden ist (**Abb. 44**).[144] Es gehörte Šamaš-ilum-dan-num, einem Beamten des Königs Ḫimdija von Andarig (18. Jh.). Das beschädigte Siegel, das vielleicht eine Wandmalerei kopiert[145], zeigt den König vor dem anthropomorphen Mondgott, der zusammen mit einer fürbittenden Göttin und einem Löwenbezwinger auf einem Podest thront. Unter dem Thron des Mondgottes sind die Reste des M-förmigen stierfüssigen Gestells zu sehen, das wir von den Abb. 42 und 43 her kennen. Neu sind die Stiere in Gesellschaft des Mondgottes. Die nur teilweise erhaltenen Tiere, die anscheinend das Podest tragen, gehen mit gesenktem Kopf aufeinander zu.

---

[139] Zum Ganzen vgl. Collon 1995, 371-376.
[140] Vanel 1965, 48.161ff; Abou Assaf 1983, 43-66, bes. 62.
[141] Buchanan 1981, Nr. 338; Amiet 1980, Nr. 1180; Keel 1994, 166 und 193 Abb. 64.
[142] Woolley 1934, I 282, II Pl. 102b.
[143] Collon 1995, 374 Nr. 2. 7. 8.
[144] Parayre 1991, 394 Fig. 4 = Collon 1995, 374 Nr. 17.
[145] Parayre 1991, 396.

Vielleicht ist der Mondgott, der auf einen liegenden Stier tritt, schon auf einem Rollsiegel der Akkad-Zeit aus Ur dargestellt.[146] Sicher erscheint er auf einem Gebirge thronend auf einem Wandbild in Mari aus dem 19. Jh. zusammen mit einem schwarzen Stier, vielleicht einer Verkörperung des nächtlichen Gebirges. Die Nacht könnte auch die Figur darstellen, die rechts das Register abschliesst (**Abb. 45**).[147] Auf altbabylonischen Siegeln ist seit Apil-Sin (1830-1813) gelegentlich der anthropomorphe Mondgott zu sehen, der auf zwei liegenden Stieren steht (**Abb. 46-47**)[148]. Rechts schliesst das Mari-Bild eine schwarze Gestalt ab, die vom gestirnten Nachthimmel umgeben ist, vielleicht eine Darstellung der Nacht.
Auf altsyrischen Siegeln ist verschiedentlich neben dem Sichelmond mit Scheibe ein Stier bzw. Rinderkopf zu sehen (**Abb. 48-49**).[149] Besonders interessant ist das altsyrische Siegel von **Abb. 50**.[150] Unter einem Stierkopf stehen zwei syrische Fürsten. Hinter dem rechts steht ein Gott (?) mit einer Stange, auf der über einem Element, das an den stierfüssigen Dreifuss der Abb. 42-44 erinnert, der Sichelmond mit der Scheibe des Vollmonds zu sehen ist. Der Sichelmond mit der ihm einbeschriebenen Scheibe dürfte in der Regel den Neumond und den Vollmond darstellen. Die Sonne erscheint als geflügelte Scheibe und ist nur ganz selten wie auf Abb. 48 mit dem Sichelmond kombiniert.[151] Die Frage stellt sich, ob in diesen Fällen die geflügelte Scheibe etwa den Mond darstelle, wie ja auch der Skarabäus in einigen Ausnahmefällen mit dem Mond verbunden wird.[152] Im 1. Jt. sind Sichelmond und Scheibe nachweisbar z.B. auf den Reliefs aus Zincirli als Neu- und Vollmond zu verstehen (vgl. Abb. 104). Die Sonne erscheint konsequent als geflügelte Scheibe mit Schwanz.[153]
Ronzevalle[154] und Galling[155] deuten die radial geritzte Scheibe zwischen den Hörnern auf den Basaltstelen von Abb. 11 und 12 als Sonnenscheibe.

[146] Legrain 1951, Nr. 243 = Collon 1995, 374 Nr. 10.
[147] Parrot 1958, 77 Fig. 59, Pls. XVII und E = Collon 1995, 374 Nr. 13.
[148] Abb. **46** = Porada 1948, Nr. 1011 = Collon 1995, 375 Nr. 25; Abb. **47** = Porada 1957, 196 und Pl. 31,10a-b = Keel 1994, 193 Abb. 65.
[149] Delaporte 1910, Nr. 488 = Winter [2]1987, Abb. 120 = Abb. **48**. von der Osten 1936, Nr. 86 = Winter [2]1987, Abb. 119 = Abb. **49**; vgl. weiter Loud 1948, Pl. 161,21 = Winter [2]1987, Abb. 303; Porada 1948, Nr. 946 = Winter [2]1987, Abb. 301
[150] Delaporte 1923, Pl. 96,10 (A. 920) = Frankfort 1939, Pl. XLIVc.
[151] Teissier 1996, 156f Nr. 187 und 196.
[152] Keel 1995, 22 § 41.
[153] Meyer 1965, Abb. 78f = Yadin 1970, 201 Fig. 1; Pritchard 1954, Abb. 281; Tropper 1993, 24f.
[154] Ronzevalle 1937/1938, 53.
[155] Galling 1953, 186.

Galling erinnert bei dieser Gelegenheit an den Apis-Stier, an Hathor und die Herrin von Byblos mit der Sonnenscheibe zwischen Hörnern. M. Weippert verwirft diese Parallelen und meint „die Rosette zwischen den Hörnern des Stiers ... dürfte nordsyrischen Ursprungs sein.“[156] Er kann als Beleg nur ein Siegel anführen, das zyprisch, nicht nordsyrisch ist.[157] Ein Stierkopf mit einer Scheibe, die allerdings nicht mit radialen Ritzungen versehen ist, findet sich auf einem Siegel aus Ugarit/Ras-Šamra, das in die Zeit zw. 1450 und 1350 datiert wird (**Abb. 51**).[158]

Wiederum einen ganz andern Typ der Verbindung von Mond und Stier liefern die Fragmente einer ursprünglich etwa 50-60 cm hohen Basaltfigur aus dem Tempel H in Hazor, die von einem „Gott auf dem Stier“ stammen (**Abb. 52**).[159] Sie sind wie das Siegel von Abb. 51 in einem spätbronzezeitlichen Stratum gefunden worden (I B, 14. Jh.). Die Figur könnte allerdings ursprünglich schon im Tempel der letzten Phase der MB IIB gestanden haben. In dem mit grosser Verzögerung erschienenen Textband zu Hazor III-IV bemerkt P. Beck zur Figur, die auf dem Stier stand: „The most remarkable feature is the emblem hanging down from a collar – off centre – on the chest. It consists of a crescent, the ends of which point down, and two concentric circles, and not spirals as it would appear from the photograph and drawing. A re-examination of the artifact showed that at both ends of the crescent a rough concentric circle is portrayed. The circles are incomplete. Below the crescent there is a disk enclosing an imperfect cross. The identification of this emblem is problematic as it has no exact parallels“.[160] Beck hält den viergeteilten Kreis unter dem nach unten hängenden Sichelmond und die beiden konzentrischen Kreise für Sonnensymbole. „Thus, the Hazor emblem actually consists of a crescent and three sun disks...“.[161] Die vier Elemente, die den „Brustschmuck“ der Figur von Hazor bilden, finden sich auf einem ungefähr zeitgenössischen Rollsiegelabdruck auf einer Keilschrifttafel aus dem Tempel C in Nuzi (**Abb. 53**).[162] Porada hält die beiden konzentrischen Kreise unter der Standarte

---

[156] M. Weippert 1961, 106 Anm. 70 = M. Weippert 1997, 56 Anm. 72.

[157] Contenau 1922, Taf. XXIX, 200 = von der Osten 1934, Nr. 359; in der Zeichnung von Contenau fehlt die zweite Rosette zwischen den Hörnern des doppelköpfigen Wesens rechts, die auf dem Photo deutlich zu sehen ist.

[158] Schaeffer-Forrer 1983, 12f (R.S. 3.041) = Amiet 1992, 58 Nr. 92 = Winter [2]1987, Abb. 213.

[159] Yadin et al. 1961, Pl. 324f; Keel 1992, 174 mit Abb. 155.

[160] Beck 1989, 336.

[161] Beck 1989, 337.

[162] Starr 1939, 444 Pl. 119D; Porada 1975, 168 und Pl. 32,6.

Sonne. Letzteres scheint mir fraglich. Die vier Quadranten spielten beim
Vollmond eine Rolle, wie wir gesehen haben, weniger bei der Sonne. [164]
Der Mondkult war in Hazor sehr stark verbreitet, wie die Stele mit den
emporgereckten Händen und die Sitzfigur mit dem Sichelmond am Hals
aus dem Stelenheiligtum im Areal C zeigen. [165] Wenn die Figur auf dem
Stier mit dem Mondemblem auf der Brust auch der Wettergott sein sollte,
so wäre es ein stark lunarisierter Wettergott (vgl. unten Abschnitt 5, p. 91f).
Auf einer Bulle aus Boğazköy aus der 2. Hälfte des 13. Jh. sind im Zentrum
ein Stierkopf mit einer kleinen Scheibe zwischen den Hörner und darüber
ein Sichelmond zu sehen, der – wie im hetitischen Raum üblich – nach
unten gedreht ist (**Abb. 54**). [166] Ein anderer Siegelabdruck vom gleichen
Ort und aus der gleichen Zeit zeigt einen Stier mit dem Sichelmond darüber
(**Abb. 55**). [167]

Auch aus dem 1. Jt. findet sich eine ganze Reihe von Belegen für die
Verbindung von Stier und Mond. Auf einem Hämatit-Konoid aus Lachisch,
der in einem Grab gefunden wurde, das in der Mittelbronzezeit angelegt
und um 900 wiederbenützt worden ist, ist ein Stier mit Sichel- und Vollmond darüber zu sehen (**Abb. 56**). [168] Das Siegel dürfte nordsyrischer
Herkunft sein und dem 10. Jh. angehören (vgl. Abb. 33). [169] Ein Skarabäus
von Tell Keisan in der Bucht von Haifa ist im gleichen Bohrlochstil wie
das harte Hämatit-Siegel von Abb. 56 angefertigt, obwohl der Skarabäus
aus weichem Steatit besteht. Der Sichelmond mit der Scheibe steht hier

---

[164] Ein in vier Quadranten geteilter Kreis mit Punkten in den Quadranten wie auf
Abb. 53 findet sich auf einem Siegelabdruck der SB I aus Hazor (Yadin et al. 1961,
Pl. 157,12 und 360,13.
[165] Keel/Uehlinger 1992, 58-60 mit Abb. 46-47.
[166] Güterbock 1942, 67 Nr. 43.
[167] Güterbock 1942, 79 Nr. 242 und Taf. VIII.
[168] Tufnell 1953, 366, 372, Pl. 44A/45, 150 = Keel/Shuval/Uehlinger 1990, 372
Nr 18 und Taf. XXI,2.
[169] Keel 1995, § 359f. Sichelmond und Stier sind wie auf Abb. 38 auch auf einem
Hämatit-Konoid kombiniert, der im Municipality Museum in Naharija aufbewahrt
wird (Keel/Uehlinger 1992, 162f Abb. 168c). Vor dem Stier mit Sichelmond und
Scheibe steht ein Mensch, vielleicht ein Verehrer. Auf einem Hämatit-Skarabäus,
der der gleichen Gruppe von Hämatit-Siegeln angehört und der als Oberflächen-
fund in Akko geborgen worden ist (Keel 1997, Akko Nr. 132), sind zwei anti-
thetische Stiere und über ihnen ein Sichelmond mit Scheibe zu sehen, der von zwei
waagrechten Stierköpfen oder, wie ich in Keel 1997, Akko Nr. 132 meinte, von
schematisierten Skorpionen flankiert wird. Das scheint mir jetzt weniger wahrscheinlich.

über einem Stier, der siegreich gegen einen Löwen vorgeht (**Abb. 57**).[170]
Ich habe diesen Stier früher trotz des Sichelmonds exklusiv mit dem
Wettergott in Verbindung gebracht.[171] Das scheint mir jetzt fraglich. Auf
dem Rollsiegel des Ini-Tešub aus Karkemisch aus dem 13. Jh.[172] ist zwar
der anthropomorphe Wettergott zu sehen, der auf einem Stier steht und mit
einer Lanze einen Löwen bekämpft. Der Stier ist da noch ganz eindeutig
dem Wettergott zugeordnet. Im 1. Jt. scheint aber eine weitgehende Lunarisierung des Stiers stattgefunden zu haben, die u.a. in der Bezeichnung des
Mondgottes als „Stier des (Himmels-) Herrn" in Palmyra gipfelt.
Auf einem spätluwischen Relief aus Karkemisch steht der Mondgott zusammen mit dem Sonnengott auf einem Löwen (**Abb. 58**).[173] Ob der Löwe
als von ihm (und dem Sonnengott) besiegt zu denken ist oder ob einfach
einer der in diesem Raum zu dieser Zeit üblichen Wächterlöwen gemeint
ist, ist schwer zu entscheiden. Die Verbindung von Mond- und Sonnengott,
in der der Mondgott dominiert, ist typisch spätluwisch-aramäisch. Sie ist
nicht nur für Karkemisch, sondern auch für Nerab, 7 km südöstlich von
Aleppo,[174] und vor allem für Palmyra belegt (siehe 3.3.3., p. 40f).
Ein anderes Element der Mondgott-Ikonographie, das seine deutlichste
Ausprägung ebenfalls in Palmyra finden wird, ist die Verbindung des
Stierkopfs mit der Mondsichel oder dem Mondemblem von Harran. Ein
frontal dargestellter Stierkopf und ein Sichelmond sind in enger Nachbarschaft auf einem Bronzekästchen zu finden, das dem von Abb. 14 sehr
ähnlich ist. Zwischen den vier Bögen ist statt der anthropomorphen Gottheit
die liegende Figur eines Stiers zu sehen (**Abb. 59a**).[175] Die Embleme auf
den vier Seiten des Kästchens sind ein siebenstrahliger Stern, eine
Mondsichel, ein Stierkopf und eine Schlange. Wir vermuten, dass der

---

[170] Keel/Shuval/Uehlinger 1990, 190. Ich habe das Siegel dort ins 12./11. Jh. datiert. Es muss mit der entsprechenden Hämatitgruppe etwas herunterdatiert werden,
etwa in die Zeit zwischen 1050-900.
[171] Keel 1992, 176f mit den Abb. 167-170. Abb. 166 aus dem 13. Jh. v. Chr. zeigt
den anthropomorphen Wettergott, der auf einem Stier steht und mit einer Lanze
einen Löwen bekämpft. Der Stier ist so noch ganz eindeutig dem Wettergott zugeordnet. Im 1. Jt. scheint eine weitgehende Lunarisierung des Stiers stattgefunden zu
haben, die u.a. in der Bezeichnung des Mondgottes als „Stier des (Himmels-)
Herrn" in Palmyra gipfelt.
[172] Keel 1992, 176 und 191 Abb. 166.
[173] Woolley 1952, Pl. B.33 = Hawkins 1972, 108 Fig. 4c = Collon 1995, 375 Fig.
32.
[174] Donner/Röllig 1964, Nr. 225,9 šḥr wšmš; vgl. ebd. Nr. 258,5; Nr. 259,4.
[175] Seyrig 1959, 45 und Pl. X,1-2.

siebenstrahlige Stern auf den Mond zu beziehen ist.[176] Das gilt wie auf
Abb. 70 und 71 wahrscheinlich auch vom Stierkopf.
Ein Stierkopf ist auf einem neuassyrischen Siegel neben dem Sichelmondemblem von Harran zu sehen (**Abb. 60**).[177] Ein stark abgenutztes Stempel-
siegel-Amulett am Biblischen Institut der Universität Freiburg/Schweiz hat
die Form eines Stierkopfs. Auf der Unterseite ist das Mondemblem von
Harran zusammen mit dem Siebengestirn und einem ägyptischen *nefer*-Zei-
chen eingraviert (**Abb. 61**).[178] Parallelen zur Basis-Dekoration[179] datieren
das Siegelamulett ins späte 8. oder 7. Jh.
Die Schlange, die auf dem Kästchen den Abschluss bildet, erscheint auch
auf dem anderen Bronzekästchen und zwar neben dem Kultgegenstand
(dem Pfosten mit vier nach unten gerichteten Balken), dem Stierkopf und
der Scheibe mit den vier Quadranten (Abb. 14b). Zwei aufgerichtete
Schlangen flankieren schon auf einem Siegel der Ur III-Zeit das Mondemblem (**Abb. 62**).[180] Auf einem syrischen Siegel des 17./16. Jh. wird die
Kombination von Neu- und Vollmond von zwei stierköpfigen Dämonen
flankiert, von denen jeder eine Schlange hält (**Abb. 63**).[181] Stierkopf und
Schlange dürften in dieser Kombination die Zeugungs- und Fruchtbar-
keitsmacht des Mondes repräsentieren. Auf Abb. 66 erscheint der Mondgott
noch in Palmyra zusammen mit einer Schlange. Viel häufiger als Schlangen
erscheinen Capriden neben dem Mondemblem.[182] Beide können als Symbole der Vitalität verstanden werden, die der Neumond schenkt.[183] Die Dekoration des Kästchens von Abb. 59 ist so als ganze auf einen Mondkult zu
beziehen. Das dürfte auch für die Figur des liegenden Stiers auf diesem
Kästchen gelten.
Sichelmond und Vollmond erscheinen in nachbarschaftlicher Beziehung
auch auf einer Metallschale, die in Luristan gefunden worden sein soll, die
nach R.D. Barnett aber phönizischen Ursprungs sei und ins 8.-7. Jh. gehöre
(**Abb. 64**).[184] Im Inneren der Schale ist der mit unzähligen Sternen übersäte
Himmel abgebildet. Im Zentrum und in acht sternförmig angeordneten
Dreiecken sind neun einzelne Gestirne bzw. Sternbilder eingraviert. Blickt

---

[176] Vgl. zum Mond und der Siebenzahl Krebernik/Seidl 1997, 111; vgl. oben unter
Abschnitt 2.2.2. (p. 18f).
[177] Porada 1948, Nr. 706 = Keel 1994, 186 Abb. 17.
[178] Keel-Leu 1991, 107f Nr. 129.
[179] Keel 1994, 177 und 198 Abb. 100; Buchanan/Moorey 1988, Nr. 257.
[180] Delaporte 1939, Pl. 5,27.
[181] Porada 1948, Nr. 981.
[182] Vgl. Abb 24; Keel 1994, 187 Abb. 22, 194 Abb. 72, 195 Abb. 74-75.
[183] Vgl. dazu Keel 1992, 208.
[184] Barnett 1966, 269-276, Pl. XXIV,1 und Fig. 4.

man vom Zentrum der Schale aus, befindet sich oben die Sonne, unten der
Mond in einer Kombination von Neu- und Vollmond. Die Figur im Zentrum suggeriert, die Bilder der Schale von links nach rechts zu lesen. Die
horizontale Achse – immer noch vom Zentrum der Schale aus – wird rechts
vom Mond durch einen aus 19 Einzelsternen bestehenden Stierkopf und
rechts von der Sonne durch ein Sternbild markiert, das Barnett als das des
Pflugs identifiziert. Ob diese ‚Lesung' zutrifft oder nicht, interessant bleibt,
dass in Pamyra der Mondgott als aggressiver Soldat, der Sonnengott als
friedlicher Landmann erscheint.

3.3.3. Mondgott und Stier in Palmyra

Im Falle Palmyras befinden wir uns zwar in hellenistisch-römischer Zeit.
Palmyra war aber eine Stadt, die sich aramäische Sprache, Kultur und Vor-
stellungswelt in einzigartiger Weise auch im Hellenismus und in der römischen Kaiserzeit bewahrt hat. In seiner kulturellen Tradition bezeugt Palmyra die Dominanz des Mondgottes über den Sonnengott und seine enge
Verbindung mit dem Stier.
Dem Mond- und dem Sonnengott war einer der vier Haupttempel Palmyras
geweiht, die *gnt' 'ljm* „der Park/Garten der Götter".[185] Auf einem berühmten Relief im Kapitolinischen Museum in Rom, das aus dem 1. Jh. n. Chr.
stammen dürfte, erscheint der Mondgott als Soldat, der dem Sonnengott
vor dessen Symbol, der Zypresse, die Hand reicht. Der Sonnengott
erscheint als einfacher Landmann und als der jüngere in scheuer
Zurückhaltung (**Abb. 65**), der Mondgott aber als kriegerischer Legionär.[186]
Ein anderes Relief aus Palmyra (**Abb. 66**)[187], das heute im
Nationalmuseum in Damaskus ist, zeigt die Büste des Mondgottes[188] mit
dem für ihn typischen Sichelmond im Nacken und den Strahlennimbus ums
Haupt.[189] Rechts vom Kopf ist eine Schlange zu sehen. Unter der Büste des

---

[185] Teixidor 1979, 34.

[186] Drijvers 1976, Pl. XXXVIII; Zeichnung aus Keel/Küchler 1982, 192 Abb. 153;
zum Mondgott als Soldat vgl. auch Drijvers 1976, Pl. IV,1.

[187] Seyrig 1959, 58-60 Pl. XI,5 = Drijvers 1976, Pl. XVI.

[188] Die griechische Weihinschrift nennt zwar den Sonnengott. Die Ikonographie,
vor allem der Sichelmond im Nacken (vgl. etwa Drijvers 1976, Pl. XVII), ist aber
eindeutig die ʿAglibols (so auch Seyrig 1959, 58f). Obwohl Seyrig weiss, dass
immer wieder Bilder eines bestimmten Gottes einem anderen Gott geweiht wurden
(ebd. 59 Anm. 4), zweifelt er dann doch, ob hier wirklich der Mondgott gemeint
sei.

Gottes sind sieben nackte Büsten von Personen mit langem Haar zu sehen.
Was sie darstellen, ist unklar. Der Sonnengott heisst palmyrenisch
malakbel „Bote des Herrn", der Mondgott ʿ*aglibol* „Stier des Herrn".[190]
Sowohl mit *bel* wie auch mit *bol* ist der oberste Himmelsherr gemeint.
Für die palmyrenische Religion besonders aufschlussreich sind die sogenannten *tesserae*, kleine Tonfäfelchen, die mit Bildern und Inschriften versehen sind und die als „Eintrittsmarken" zu den Kultmählern der verschiedenen Marzeach-Vereine dienten.[191] Auf diesen *tesserae* ist der Mondgott
häufig als liegender Stier mit der Mondsichel darüber dargestellt. Das ist
etwa auf **Abb. 67**[192] der Fall. Diese *tessera* zeigt auf der einen Seite den
anthropomorphen Malakbel, flankiert von den senkrechten Inschriften *malakbel* und ʿ*aglibol*. Auf der Rückseite ist ein liegender Stier mit einer
Mondsichel über dem Rücken zu sehen. Das gleiche Motiv findet sich auf
einer anderen, kreisrunden *tessera* (**Abb. 68**)[193], nur dass links vom Stier
noch ein Baum, wahrscheinlich die Zypresse Malakbels, zu sehen ist. Die
Rückseite zeigt einen grossen Sichelmond mit einer Büste, die ihm einbe-
schrieben ist. **Abb. 69**[194] stellt die Altäre des Götterpaars Malakbel und
ʿAglibol dar. Über den Altären ist das Attribut ʿAglibols zu sehen, der liegende Stier mit der Mondsichel, rechts von den Altären das Attribut
Malakbels, die Zypresse. Nicht nur der ganze Stier, auch der Stierkopf allein kann den Mondgott repräsentieren. Auf einer sichelmondförmigen *tessera* ist auf der einen Seite über dem Sichelmond der Name „ʿAglibol" zu
lesen (**Abb. 70a**), auf der anderen Seite befindet sich ein frontal dargestellter Stierkopf (**Abb. 70b**).[195] Auf der *tessera* von **Abb. 71**[196] sind es zwei
frontal dargestellte Stierköpfe, darüber liegt die Mondsichel mit der Mondscheibe und über dieser ist der Namen ʿAglibol zu sehen. Die palmyrenische Ikonographie bringt also den isolierten Stier in enge Verbindung mit
Sichelmond und den Stierkopf mit dem Namen des Mondgottes.

---

[189] Es stimmt nicht, wenn Février (1931, 87) sagt: „Le nimbe d'Aglibôl, à la différence de celui de Yarhibôl, n'est pas radié: ainsi est rendu sensible la différence
entre les rayons ardents du Soleil et l'éclairage diffus de la Lune." So zeigt z.B. ein
Relief aus dem Bel-Tempel ʿAglibol mit einem Strahlennimbus (Drijvers 1976, Pl.
IV,1; vgl. ebd. Pl. XIV (ʿAglibol als zweiter von rechts) und Pl. XVII).
[190] Theuer 1997, 375; Février 1931, 84-90.
[191] Theuer 1997, 376.
[192] Ingholt/Seyrig/Starcky 1955, Nr. 155.
[193] Ingholt/Seyrig/Starcky 1955, Nr. 471.
[194] Ingholt/Seyrig/Starcky 1955, Nr. 162.
[195] Ingholt/Seyrig/Starcky 1955, Nr. 146.
[196] Ingholt/Seyrig/Starcky 1955, Nr. 122.

3.4. Die Anthropomorphisierung der Komposition

3.4.1. *Die gebogenen Balken*

Wie die Forschungsgeschichte gezeigt hat (vgl. dazu Abschnitt 2.1., p. 8-21), wurde wiederholt der Versuch gemacht, die nächsten Parallelen zur Betsaida-Stele (Abb. 11 und 12) und diese selbst schlicht figurativ zu verstehen, so zuletzt Misch-Brandl („a bull-headed warrior") und Arav/Freund („a bull-headed figure"). Der Mittelpfosten und die Detailgestaltung verhindern aber ein solches Verständnis. Dennoch ist Krebernik/Seidl zuzustimmen, wenn sie in der Krümmung der symmetrischen Balken und der Hinzufügung eines Schwerts anthropomorphisierende Züge gesehen haben. Die anthropomorphisierende Tendenz ist bei den hier in Frage stehenden Stelen allerdings gewissermassen auf halbem Wege stehengeblieben. Wie eine solche, konsequent durchgeführt, aussehen müsste, zeigt eine bisher anscheinend unveröffentlicht gebliebene Stele im archäologischen Museum von Malatya (**Abb. 72**).[197] Die Kopfpartie ist nicht sehr deutlich, der Kopf scheint aber im Rechtsprofil dargestellt gewesen zu sein. Allerdings könnte, was als Profil erscheint, auch eine Beschädigung sein. Jedenfalls ist es kein Stierkopf, und insofern besteht hier keine Parallelität mit dem Bild der Betsaida-Stele und ihren Parallelen, für die der Mittelpfosten mit Stierkopf und die ‚Rosette' konstitutiv sind. Wir haben auch keinen Pfosten mit schräg abgehenden oder evtl. gekrümmten Balken vor uns, sondern einen schematisierten menschlichen Körper mit etwas kurz geratenen Beinen und etwas lang geratenen herabhängenden Armen. Ob der Arm links etwas hält oder dort ein zusätzliches Zeichen zu sehen ist, ist nicht klar. Unter dem Arm rechts scheint ein kugelförmiger Gegenstand zu befinden. Ähnlich schematische Menschenfiguren finden sich bei Felszeichnungen z.B. im Val Camonica im Friaul (**Abb. 73**)[198]. Besonders ähnlich ist die fünfte von rechts in der oberen Reihe der „antropomorfi schematici". Die Schematisierung mag noch so extrem sein, die Figuren stehen mit zwei Beinen auf dem Boden. Einzig bei der fünften und siebten Figur von rechts in der unteren Reihe („antropomorfi schematici") scheint es etwas wie einen Mittelpfosten zu geben. Aber das ist ein Irrtum. Bei der fünften Figur von rechts ist höchst wahrscheinlich eine (Kopf-)Geburt dargestellt. Bei der siebten ist fraglich, ob überhaupt eine Menschenfigur intendiert ist.

---

[197] Abb. 72 wurde nach Vorlage einer Photographie angefertigt, die uns dankenswerterweise überlassen wurde. Leider ist unbekannt, woher das Denkmal stammt.
[198] Priuli 1985, 32 Abb. 48, 25-26.

Vielleicht haben Gebilde wie das auf der Stele von Malatya die Anthropomorphisierung des Pfostens mit Stierkopf angeregt, der das „Grundmo-
dell" darstellen dürfte. Noch einfacher wäre diese Annahme, wenn der
Malatya-Beleg in Aleppo oder Damaskus gefunden worden wäre. Wenn
überhaupt ein Zusammenhang mit der Gaziantep-Stele (Abb. 13a-c)
besteht, haben wir bei der Malatya-Stele einen ganz anders als bei den
Hauran-Stelen verlaufenen Versuch, den „Pfosten mit Stierkopf" zu anthropomorphisieren. Eine bekannte Tonplastik aus Marlik Tepe im nördlichen
Iran (12.-10. Jh.) trägt wie die Figur der Betsaida-Stele ein Schwert (**Abb.
74a**).[199] Ihr Phallus ist stark betont, aber gerade so wird klar, dass der
Mittelpfosten der Betsaida- und ähnlicher Figuren nicht als Phallus erklärt
werden kann wie Ronzevalle wollte (vgl. p. 15)
Ebenso misslungen wäre der Versuch, wenn bei der Betsaida-Stele eine
konsequente Tauromorphie beabsichtigt gewesen wäre. Einen Stier in men-
schlicher Pose, der entfernt an die Stelenbilder von Abb. 1a-e und 11-12
erinnert, haben wir auf einer Siegelabrollung aus Susa (**Abb. 74b**).[200] Sie
datiert in die Periode Frühelamisch I (Beginn um 2900). Die Abrollung ist
hier nur abgebildet, um deutlich vor Augen zu führen, dass eine konsequente Tauromorphie ganz anders aussehen würde als das, was auf den
Abb. 1a-e und 11-12 zu sehen ist.
Der Begriff „Anthropomorphisierung" setzt die Existenz abstrakterer Kom-
positionen, als die, die wir auf den Abb. 1a-e und 11-12 finden, voraus. Ist
diese Annahme berechtigt? Diese Frage, so scheint uns, ist positiv zu beantworten. Wir kennen von der Betsaida-Stele nur den wahrscheinlichen
terminus ante quem, nämlich die Zerstörung am Ende des 8. Jhs. Der
zweite, ziemlich genau zu datierende Beleg ist die Adadnerari-Stele mit
dem abstrakten Pfostensymbol (Abb. 15). Adadnerari III. herrschte von
806-783. Dieser Beleg mit dem extrem abstrakten Gebilde ist also ca. 60
bis 50 Jahre älter, keine sehr signifikante Zeitspanne im kultischen Bereich.
Deutlicher sprechen innere Gründe für die zeitliche Priorität der abstrakten
Gaziantep-Stele (Abb. 13) vor den anthropomorphisierenden Hauran-Stelen
(Abb. 1-a-e und 11-12). Die Komposition der Gaziantep-Stele ist
konsequent schematisch. Die Hauran-Stelen zeigen eine Veränderung des
Schemas, die aber nicht konsequent durchgeführt ist und deshalb leicht zu
Missverständnissen Anlass gibt, weil die Betrachterinnen und Betrachter
aus heutigen Sehgewohnheiten heraus eine Entwicklung, die auf halbem
Wege stehengeblieben ist, im Geiste zu Ende führen und eine anthropo-
morphe bzw. tauromorphe Gestalt imaginieren. Die tatsächlich vorliegende

---

[199] Negahban 1996, 111 Nr. 75, Pl. 33,75.
[200] Delaporte 1923, Pl. 43,8 Nr. S.335; Amiet ²1980, Fig. 585.

Form kann man nur recht interpretieren, wenn man die konsequent schematische Form kennt, auf die sie zurückzuführen und aus der sie mit grosser Wahrscheinlichkeit abzuleiten ist. Denn wie die Abb. 17-23 und 14 zeigen, war in Nordsyrien die Komposition abstrakter (Stange, Gestell) und figurativer Elemente (Köpfe) seit Beginn des 2. Jt. bekannt.

3.4.2. *Das Schwert und die Ohrringe*

Ein weiteres deutliches Element der Anthropomorphisierung ist das Schwert. Ein Langschwert mit einem pilz- (Abb. 1a-e) oder pommelförmigen (Abb. 11) Abschluss des Griffs (**Abb. 75**)[201] ist im 9./8. Jh. ein normaler Bestandteil anthropomorpher Götterdarstellungen.[202] Ein Langschwert mit einem pommelförmigen Abschluss trägt der anthropomorphe Mondgott auf der Stele aus Ali Gör bei Sürüç 50 km westnordwestlich von Harran (**Abb. 76**).[203] Auf einer Reliefplatte vom Tell Aḥmar (Til Barsip) 70 km westsüdwestlich von Harran, das den anthropomorphen Mondgott über einem Tor zeigt, ist der Griff des Schwerts mit dem er bewaffnet ist, nicht zu sehen. Die Scheide ist mit drei Sichelmonden geschmückt (**Abb. 77**).[204] Diese Dekoration macht darauf aufmerksam, dass der Schwertgriffabschluss auf der Betsaida-Stele eigentlich weniger pilz- als sichelmondförmig ist. Vielleicht haben wir in diesem Detail einen weiteren Hinweis darauf zu sehen, dass der Dargestellte der Mondgott ist. Eindeutig ist dieser Hinweis allerdings nicht. Beachtenswert ist, dass der Mondgott von Abb. 77 ein Stierhorn an der Stirn trägt.

Vergleicht man die Darstellungen von Abb. 1a-e und Abb. 11, ist diejenige von Abb. 1a-e eindeutig strenger, schematischer und besser proportioniert und wirkt so abstrakter. Dieser Eindruck wird zusätzlich durch den Umstand verstärkt, dass die Stele Abb. 11 ein weiteres figuratives Element aufweist, das auf der Betsaida-Stele fehlt, die ‚Ohrringe'. Sie haben zwar eine gewisse Ähnlichkeit mit assyrischen und babylonischen Ohrringen[205], erinnern aber fast noch stärker an gewisse Formen der Troddeln, die das Mondemblem von Harran charakterisieren, besonders an das auf dem Barrakib-Relief aus Zincirli (vgl. Abb. 109). Das Problem der Anthropomorphisierung wird in Abschnitt 5 (vgl. p. 88f) weiter verfolgt.

---

[201] Hrouda 1965, Taf. 22, 1-4.9-10.

[202] Hrouda 1965, 81.

[203] Börker-Klähn 1982, 221 Nr. 240, Abb. 240a-b; Kohlmeyer 1992, 97f; Keel 1994, 142f Nr. 9, Abb. 9.

[204] Keel 1994, 143f Nr. 10 (mit Literatur), Abb. 10.

[205] Zum Typ der Ohrringe vgl. Hrouda 1965, Taf. 8, 33.37-38; und genauer: Maxwell-Hyslop 1971, 244, Abb. 226.

4. Kulteinrichtungen beim Tor oder im Tor und ihre Bedeutung

4.1. Archäologische Belege

Betrachtet man die Überreste des Kultes am Tor von Betsaida, dann versteht es sich nahezu von selbst, dass das Auffinden solcher Kultstätten eher die Ausnahme als die Regel darstellt – auch wenn uns die Hebräische Bibel mehrfach von solchen Kulten am Tor berichtet (siehe unten 4.2.,74-86). Erstens handelt es sich um offene Stätten; die kultischen Objekte werden durch kein Gebäude geschützt, was ihren Nachweis durch die Archäologie erschwert. Zweitens handelt es sich bei den Kultrequisiten um relativ kleine, mobile Objekte, die jahrhundertelang immer wieder neu verwendet oder auch verbaut werden konnten (siehe z.B. die Stelen aus ʿAwas und Tell el-Ašʿari). Drittens war der Ort am Tor in hohem Mass in Gefahr, von Zerstörung in Mitleidenschaft gezogen zu werden. Eine befestigte Stadt wurde in der Regel auch immer über das Tor erobert, selbst wenn man Angriffe und Zerstörungswerk gleichermassen auf die Stadtmauer richtete. Nur das Tor zu zerstören, war aber die ökonomischste Methode der Eroberung, anstatt Rampen vor der Stadtmauern aufzuschütten und Breschen dort hineinzuschlagen.[206] Entsprechend finden wir bei eroberten Städten am Tor und in dessen Umgebung die stärkste Zerstörung durch Feuer und mechanische Gewalt, was selbstredend auch die Kultstätten am Tor betrifft. Das Stadtinnere muss diese Art der gewaltsamen Zerstörung hingegen nicht notwendig aufweisen, was für den architektonischen Befund günstiger ist. Viertens kann auch noch eine Rolle spielen, dass sich im Falle einer Eroberung die Bevölkerungsstruktur einer Stadt so verändern kann, dass die Kontinuität der Kultpraxis unterbrochen wird. Dann geht mit den veränderten Herrschaftsverhältnissen und einer neuen kulturellen Dominanz auch die Reorganisation der Kulte einher. Alte Kulte werden aufgehoben, vielleicht sogar gezielt zerstört.[207]

---

[206] Das berühmteste und archäologisch, ikonographisch und inschriftlich best bezeugte Beispiel für eine derart aufwendige Eroberung ist die von Lachisch im Jahre 701 v. Chr. durch den Assyrerkönig Sanherib (Ussishkin 1982).

[207] Siehe zum Beispiel den Bericht Assurnasirpals II. über sein erstes Herrschaftsjahr (884/3), in dem er die Einnahme der abgefallenen Stadt Suru (am Ḫabur) und die Sanktionen gegen die Stadt schildert. Neben allen Grausamkeiten und Strafmassnahmen wird auch berichtet, dass man die Götter Surus und das, was sie besitzen, aus der Stadt wegführt (Text bei King 1902, 279ff. Kol. I 74-99, oder bei Grayson 1976, § 547). Das „Wegführen der Götter" aus einer feindlichen Stadt wird bei den assyrischen Königen oft erwähnt und gehörte offenbar zum Akt der vollständigen Eroberung (eine Liste der Belege findet sich bei Cogan 1978, 22-

Aufgrund dieser Umstände muss man es als grosse Ausnahme ansehen, auf Überreste von Kulten am Tor zu stossen. Dies ist zum Beispiel dann der Fall, wenn eine offene Kultstätte – wie in Betsaida – von einer so massiven Zerstörungsschicht begraben wird, dass die nächste Kulturschicht erst auf dieser Schicht aufsitzt. Damit wird das Frühere gleichsam versiegelt und kann archäologisch *in situ* wiederentdeckt werden. Eine andere Möglichkeit ist, dass sich die Eroberung einer Stadt nicht derart gewaltsam abspielt und auch die Bevölkerung weitgehend die gleiche ist wie zuvor und ihre Kulte weiter pflegt. Die wenigen materiellen Überreste von Kulten am Tor führten dazu, dass man sich in der Forschung bislang nur wenig auf archäologischer Ebene mit den Kulten am Tor auseinandergesetzt hat.[208] Dabei wurden aber oft archäologische Zeugnisse zu unproblematisch als Überreste solcher Kulte identifiziert.

Die folgende Diskussion archäologischer Überreste von Kulten am Tor in Palästina/Israel der Eisenzeit ist in drei Gruppen geliedert:

1. archäologisch gesicherte Kultstätten am Tor;
2. mögliche Überreste von Kultstätten am Tor, archäologisch aber nicht zweifelsfrei feststellbar;
3. behauptete, archäologisch aber nicht nachweisbare Kultstätten am Tor.

41.119-121; für Palästina vgl. zuletzt Uehlinger 1997, 308-315). Röllig (1986, 122) betont, dass dieses Vorgehen kein Handeln aus religiöser Intoleranz war und es nicht darum ging, die eigenen assyrischen Staatsgötter an die Stelle der Weggeführten zu setzen. Vielmehr handelte man aus Machtbewusstsein und dem Bedürfnis der Machtdemonstration heraus. Das „Wegführen der Götter" bedeutete „ein Entblössen von Macht. Mit den Götterbildern werden auch die göttlichen Kräfte aus der Stadt geführt und nach Assyrien übertragen. Gleichzeitig ist das ein besonderer Akt der Demütigung, denn es wird dem schutzlosen Volk vor Augen geführt, dass seine Götter machtlos sind und dass es Assur schutzlos preisgegeben ist". Man kann sich leicht vorstellen, dass ein Kult am Tor, der diesen Ort dem besonderen Schutz einer göttlichen Kraft unterstellte, solch aggressiven Akten im Falle einer Eroberung ausgesetzt war. Der Zustand der Zerstörung, in dem die ikonische Stele von Betsaida aufgefunden wurde, legt den Schluss nahe, dass es sich auch hier um das Ergebnis eines gezielten aggressiven Zerstörungsakts eines Eroberers handelt. – Interessant an dem Bericht Assurnasirpals ist auch, dass er Gedenkstelen anfertigen lässt, auf denen von seinem Ruhm und seiner Macht erzählt wird, und dass er diese Momumente dann im Stadttor von Suru aufstellen lässt. In diesem Vorgehen zeigt sich auch die besondere Bedeutung, die das Stadttor für eine Eroberung und die Demonstration einer Eroberung besass (vgl. die Esarhaddon-Stele im Burgtor von Zincirli, von Luschan 1893, 11-20.36-43 und Tafeln I-V).

[208] Vgl. Whitney 1979. Herzog 1986, 164f. Zwickel 1990, 225-229 und 1994, 9. 197 Anm. 843. Emerton 1994. Gleis 1997, 102-110.

Eine abschliessende Einordnung des Kults am Tor in das Spektrum religiösen Handels im eisenzeitliche Palästina/Israel beendet die Untersuchung zu
den Kulten am Tor aus archäologischer Sicht.

4.1.1. Archäologisch gesicherte Kultstätten am Tor

In **Dan** wurde bei den seit 1966 währenden Ausgrabungen eine Toranlage
aus der Eisenzeit II freigelegt (**Abb. 78**), die mehrere Kultinstallationen am
Tor bzw. in Tornähe aufweist. Die Ausgrabung des differenzierten Systems
von Aussen-, Vor-, Haupt- und Innentor ist immer noch nicht abgeschlos-
sen. Bis 1992 ging man davon aus, dass die Befestigung in Dan aus einem
Vor- und Haupttor besteht. Beide Tore wurden in der Mitte des 9. Jh. errichtet.[209] Im 2. Viertel des 8. Jh. wurde diese Anlage dann noch durch ein
oberes Tor verstärkt.[210] Bei weiterführenden Ausgrabungen des Platzes vor
dem Vortor (wobei auch die berühmten Stelenfragmente, die das „Haus
Davids", ביתדוד, erwähnen, sekundär verbaut gefunden wurden)[211] fand
man noch Überreste eines weiteren Tors vor dem Haupt- und Vortor (Abb.
78, Nr. 11; Abb. 82).[212] Die Datierung dieses Tors muss erst noch durch
weitere Ausgrabungen geklärt werden.[213]
Bei der Toranlage von Dan wurden mehrere kultische Einrichtungen entdeckt. Schon 1971 wurde bei den Ausgrabungen am Vortor ein Monolith
gefunden, der sich in ca. 2 m von der Schwelle entfernt und in einer Flucht
mit den Ecken der vorderen Torzange befand (s. Abb. 78, Nr. 7). Der Monolith ist ca. 60 cm hoch und viereckig behauen (**Abb. 79**).[214] In dem Ausgrabungsbericht aus dem Jahre 1974 (zur Arbeit seit 1966) zeigt Biran zwar
ein Photo des Toreingangs, auf dem auch der Monolith zu sehen ist (s. Abb.
79), erwähnt aber dessen Existenz nicht. Erst im Lichte des Fundes von
1992, bei dem die Installation mit den fünf Masseben[215] und einer Depo-

---

[209] Biran 1994a, 246. Vgl. Herzog 1986, 91.

[210] Biran 1994a, 249.

[211] Der Fundbericht zum ersten Stelenfragment Biran/Naveh 1993, zum zweiten
und dritten Fragment Biran/Naveh, 1995.

[212] Biran 1993, 81-84. 1996, 7f.

[213] Biran 1996, 8; Biran nimmt aber an, dass dieses Tor auch um die Mitte des 9.
Jh. zusammen mit der übrigen Toranlage erbaut wurde.

[214] Biran 1994a, 243.

[215] Eine Massebe (hebr. מצבה) wird in der Forschung ein aufrecht gestellter Stein
genannt, der in der Regel unbearbeitet oder nur wenig behauen ist und normaler-
weise weder Bild, Ornament noch Inschrift trägt. Gute Zusammenstellungen zu
Masseben im alten Israel hinsichtlich Vorkommen, Bedeutung, kultureller Tradi-

sitbank rechter Hand nach dem Durchgang durch das Vortor gefunden
wurde (s. unten), ergab sich für Biran die Wahrscheinlichkeit, dass es sich
bei dem Stein vor der Schwelle des Vortors auch um eine Massebe handeln
könnte.[216] Diese Möglichkeit ist nicht auszuschliessen, auch wenn die Position der Massebe mitten vor dem Eingang des Tors etwas ungewöhnlich
und die viereckige Form für Masseben nicht üblich ist.

Schwierigkeiten macht auch die Tatsache, dass Biran auf keinem Plan dieser Installation Höhenangaben macht, vor allem auch keine Angaben zur
(absoluten) Höhe des Monoliths im Vergleich zur Schwelle und zum Pflaster vor dem Vortor. Auf dem Photo (Abb. 79) ist zu erkennen, dass das
Pflaster vor der Schwelle unterbrochen ist und erst vor den vorderen Tor-
zangen wieder einsetzt.[217] Das Pflaster des Platzes vor dem Vortor hat ein
niedrigeres Niveau als die Schwelle. Der Monolith scheint sich eher auf
dem Niveau des Pflasters zu befinden, eventuell ist er sogar tiefer eingebet-
tet. Biran spricht von einer Stufe vor dem Vortor,[218] deren Überreste auf
dem Photo jedoch nicht zu erkennen sind. Sie ist nur in einer isometrischen
Rekonstruktionszeichnung der Toranlage eingezeichnet (**Abb. 80**; die Stufe
ist zur Hälfte durch die Ziffer „2" verdeckt) und zwar so, dass sie in einer
Flucht mit der Front der vorderen Torzange liegt. Vergleicht man diese
Zeichnung mit dem Plan der Toranlage (Abb. 78), in dem die Position des
Monolithen eingezeichnet ist, nicht aber die Stufe, ergibt sich eigentlich,
dass sich dieser dort befindet, wo auch die Stufe liegt. Da Höhenangaben
fehlen, kann vom kritischen Betrachter nicht nachvollzogen werden, ob und
wie weit der Monolith aus der Stufe vor der Schwelle des Vortors (oder aus
dem Pflaster vor dem Tor, wenn unsere nur auf das veröffentlichte Material
gestützten Annahmen zur Position des Monolithen falsch sind) heraus-
geragt hat. Nur dann kann aber entschieden werden, ob es sich hier um eine
Massebe *in situ* handelt oder ob ein behauener Stein sekundär bei der Konstruktion des Bereichs vor dem Vortor wiederverwendet wurde.

Im Gegensatz zu dieser ersten Massebe (?) stellt der Fund von 1992 eine
eindeutige Kultanlage beim Tor dar. (Abb. 78, Nr. 6; Abb. 80, Nr. 6; **Abb.
81a-b**). Die Anlage (*locus* 5122B – 1,8 x 2,8 m) befindet sich rechter Hand
unmittelbar nach dem Durchschreiten des Vortors und ist an die Stadtmauer
gesetzt. Sie schliesst nicht mit der Ecke ab, die Stadtmauer und hintere
Torzange bilden. Eine kleine Mauer (Höhe 50 cm, Länge 1,5 m) grenzt die

---

tion finden sich bei Graesser 1972; Schroer 1987, 357-375; Mettinger 1995, 140-
191.

[216] Biran 1994a, 243.

[217] Gut zu erkennen auch auf dem Photo Biran 1994a, Abb. 200.

[218] Biran 1994a, 243.

Installation gegen diese Ecke sogar ab, wie auch die andere Seite der Installation durch einen Monolithen derselben Höhe begrenzt wird, auch wenn
dieser nicht ganz bis zur Stadtmauer hinreicht. Es ist möglich, dass hier ein
zweiter Monolith fehlt, der an die Stadtmauer anschloss; andererseits mag
der Raum auch offen geblieben sein. Anzeichen für eine Lücke im Pflaster
fehlen, da die gesamte Installation mit ihren Einfassungsmauern *auf* das
Pflaster des Platzes gesetzt wurde.

An der Stirnseite des eingefassten Platzes und direkt gegen die Stadtmauer
gesetzt[219] stehen fünf offenbar unbearbeitete,[220] zumindest nicht geglättete
Steine, deren Höhe zwischen 30 und 50 cm variiert. Ihre Tiefe beträgt zwischen 30 und 40 cm. Bis auf einen Stein (Abb. 81a: vierter Stein von links)
haben alle eine sich nach oben verjüngende Form. Schon allein aufgrund
des räumlichen Arrangements und der formalen Beschaffenheit der Steine
kann man die Steine sicher als Masseben ansprechen. Mit ihnen verbindet
sich zusätzlich eine offene Kultstätte, an der Opfer dargebracht wurden.
Denn zum einen befindet sich vor den Masseben ein aus Steinen gebautes,
50 cm hohes Podium (Länge 2,2 m; Tiefe 90 cm[221]), das als Depositbank
anzusprechen ist. Zum andern wurde westlich in unmittelbarer Nähe der
Anlage eine Ansammlung von Keramik gefunden, die Brandspuren trug
und vom gleichen Brandschutt bedeckt war wie die Anlage selbst. Bei den
Gefässen handelt es sich mindestens[222] um drei Schalen, zwei Räuchertas-
sen, eine Öllampe, eine Öllampe auf einem Ständer und eine flache Schale
(**Abb. 81c**). Die Keramik stammt aus dem 8. Jh. Das Vorhandensein der
Räuchertassen spricht allein schon für einen kultischen Zweck. In den
Schalen könnten vegetabile Gaben dargebracht worden sein. Die Nähe zu

---

[219] Das Folgende nach Biran 1994a, 245 und 1994b, 5.

[220] Biran spricht von „undressed stones" (1994a, 245) bzw. „fieldstones" (1994b,
5). Die geringe Tiefe der Steine, gemessen an ihrer Höhe, und die konisch zulau-
fende Form spricht aber eher für eine gewisse Bearbeitung. Andererseits handelt es
sich nicht um Stelen mit geglätteten Oberflächen und regelmässiger geometrischer
Form.

[221] Hier ist die Tiefe aus Biran 1994a, 245 übernommen. In Biran 1994b, 5 wird
von 70 cm Tiefe gesprochen. Eventuell handelt es sich bei den 90 cm um die Ge-
samttiefe der Bank einschliesslich der Reihe kleiner Steine, die sich direkt vor den
Masseben befinden, bei den 70 cm dagegen um die Masse der Struktur, die aus re-
gelmässigen, flachen Basaltsteinen besteht (die beiden Elemente, aus denen sich
die Depositbank zusammensetzt, sind auf den beiden Photos, Abb. 81a und b, gut
zu erkennen).

[222] Die folgende Aufzählung orientiert sich an Biran 1994a, 245 Text und Abb.
205 = Abb. 81c als einzigen Quellen.

den Masseben und zur Depositbank, auf die wohl die Opfergaben gestellt wurden, erhärtet die kultische Interpretation der Gesamtanlage.[223]
Hinzu kommt, dass zusammen mit der Keramik auch eine Anzahl von Knochen, hauptsächlich von Schafen und Ziegen, gefunden worden sind. Diesen Umstand zu erklären, fällt nicht leicht. Grundsätzlich kommen zwei Möglichkeiten in Frage, die in Zusammenhang mit kultischen Aktivitäten stehen: rituelle Mahlzeiten oder Brandopfer. Bei Stätten gemeinsamer ritueller Mahlzeiten findet man in der Regel auch Kochstellen und Kochtöpfe, die hier von Biran nicht als Bestandteil des Keramikfundes genannt werden. Brandopfer würden einen entsprechenden Altar erwarten lassen. Leider ist noch keine Publikation dieses *locus* erfolgt, so dass man auch den genauen Fundort der Keramik bzw. Knochen nicht kennt. „Westlich" der Anlage, wie Biran den Fundort beschreibt, könnte auch bedeuten, dass es sich um den eingegrenzten Bezirk neben den Masseben handelt (*locus* 5122A – 1,8 x 1,9m).[224] Vielleicht befand sich hier eine Stätte, an der man Opferfleisch verbrannte oder geweihtes Fleisch zubereitete.
Unabhängig von den Fragen, die der Knochenfund aufwirft, ist jedoch die eingegrenzte Anlage mit fünf Masseben und Depositbank in unmittelbarer Nähe zur nördlichen hinteren Zange des Vortors (**Abb. 82**) als eine Kultstätte am Tor bzw. zwischen den Toren anzusprechen, an der jedenfalls Votivgaben und Räucheropfer dargebracht wurden.

Eine weitere Anlage mit Masseben wurde 1994 bei den Ausgrabungen östlich des Vortors bei der Verfolgung der Stadtmauer nach Osten gefunden. Leider gibt es im einschlägigen Ausgrabungsbericht[225] einige Unstimmigkeiten hinsichtlich der Zahlenangaben und keinen Plan oder ein Photo der Masseben, so dass man bei der Lokalisierung der Anlage auf kombinatorische Annahmen und Vergleiche mit den vorhandenen Plänen angewiesen ist. Demnach ergibt sich folgende Situation (vgl. Abb. 78, Nr. 8): Bei den Ausgrabungen wurde die Stadtmauer auf eine Länge von 41 m östlich des Vortors freigelegt.[226] 10 m vom Vortor entfernt springt die Mauer 1,7 m zurück. 17 m östlich dieses Rücksprungs[227] befindet sich ein 2 m tiefer

---

[223] Für Emerton 1994, 463f steht der kultische Charakter dieser Anlage auch fest. Gleis 1997, 107 referiert den Befund nur kurz. Er schliesst eine kultische Fnktion nicht aus.

[224] Biran 1994b, 5.

[225] Biran 1997.

[226] Biran 1997, 14.

[227] Biran ebd. schreibt: „Ten meters from the gate, the city wall was recessed *c.* 1.7 m toward the north, and 17 m from the gate an offset salient (tower? L 5180) projected *c.* 2 m from the line of the wall". Die Angabe „17 m from the gate" lässt

Vorsprung (*locus* 5180; **Abb. 83**). Am Fuss der Stadtmauer wurden Abschnitte einer Pflasterung freigelegt, die auf einem 10-20 cm hohen Fundament von Erde und kleinen Steinen aufsitzt. Das Pflaster erstreckt sich bis zu 4 m südlich von der Stadtmauer. In der Nähe des Vorsprungs *locus* 5180 wurden fünf Masseben entdeckt, deren Lage Biran wie folgt beschreibt: „Five basalt stones (width 0.3-0.4 m; L 5181) laid on the fill against the city wall were uncovered. They rise 0.3-0.5 m above the pavement and are located *c.* 9 m from the projection (tower? L 5180) in the city wall.".[228]
Die Steine waren nicht auf das Pflaster gesetzt wie diejenigen beim Vortor, sondern in das Fundament des Pflasters, was anzeigt, dass Massebensetzung und Pflasterung zur gleichen Zeit geschahen. Ein anderer Abschnitt der Pflasterung südlich der Stadtmauer weist in seinem Fundament Scherben des späten 9. und frühen 8. Jh. auf,[229] so dass man die Konstruktion des Pflasters vor dem Vortor wohl insgesamt in diese Zeit setzen kann. Die Masseben würden dann auch in diese Zeit gehören.
Problematisch ist die zitierte Aussage Birans hinsichtlich der Position der Masseben im Verhältnis zur Stadtmauer. Die beiden Angaben „laid on the fill against the city wall" und „located *c.* 9 m from the projection" sind kaum miteinander zu vereinbaren. Bedenkt man zusätzlich, dass Biran die freigelegte südliche Erstreckung des Pflasters vor dem Vorsprung mit 4 m angibt und dies auch auf dem Plan (**Abb. 83**) so eingezeichnet ist, ergibt sich ein zusätzliches Argument dafür, dass die Angabe „9 m Entfernung von dem Vorsprung" für die Masseben nicht stimmen kann. Möglicherweise sind 0,9 m Entfernung gemeint, was sich mit einer Tiefe der Steine von 30-40 cm und mit dem Ausdruck „laid on the fill against the city wall" vereinbaren liesse. In diesem Fall müssten die Masseben natürlich auf Abb. 83 eingezeichnet sein. Leider ist dies nicht geschehen. Auf der Zeichnung fällt nur auf, dass senkrecht unter der Angabe „5180" (= der Vorsprung) einige Steine am Fusse der Mauer relativ bündig eingezeichnet sind. Ihre Front befindet sich aber nicht 0,9 m von der Mauer entfernt, und ihre Tiefe

---

sich nicht mit den Plänen (Abb. 78 und 83) in Einklang bringen. Der Rücksprung 10 Meter vom Vortor ist schon im Plan Biran 1993, Abb. 3 eingezeichnet, ebenso in Biran 1994a, Abb. 194 (= Abb. 78). Bei beiden Plänen ist die Stadtmauer östlich dieses Rücksprungs noch mehr als 10 m lang in einem geraden Verlauf eingezeichnet. Dies sind weit mehr als die 7 Meter, nach denen, Birans obiger Angabe folgend, der nächste Vorsprung ansetzen soll. Bei dem Plan Abb. 83 fehlt andererseits der Rücksprung in der Stadtmauer, wenn er sich nur 7 m westlich des Vorsprungs befinden sollte. Insgesamt muss es sich also um ein Versehen handeln, und der Text sollte lauten: „...and 17 m from the recession an offset salient...".
[228] Biran 1997, 14 mit Abb. 16 (= unsere Abb. 83).
[229] Biran 1997, 14f.

ist nicht mit 30-40 cm wiedergegeben. Welche Fehler genau hier im Text und in der zeichnerischen Darstellung bei Biran geschehen sind, lässt sich deshalb nicht entscheiden. Man sollte aber eher davon ausgehen, dass sich die Masseben dicht an der Stadtmauer befanden, zumal sich südlich der Mauer, in ca. 4,5 m Entfernung, eine grosse rechteckige Struktur ausdehnt,[230] innerhalb derer die Masseben dann gestanden hätten. Auf dem ergänzten Plan Abb. 82 ist deshalb die Position der fünf Masseben direkt an der Stadtmauer mit der Nr. 8 angezeigt.

Eine weitere kultische Anlage mit Masseben aus der Zeit nach der assyrischen Eroberung wurde vor dem Mauerabschnitt zwischen Rück- und Vorsprung entdeckt (Abb. 82, Nr. 9; Abb. 82 und 83). Die Anlage steht frei, in ca. 2,5 m Entfernung von der Stadtmauer, und ist an drei Seiten von Mauern eingefasst. Sie steht auf einer Fläche von 2,5 x 3 m. Die Mauern stehen noch ca. 50-60 cm hoch an. Im Innern der Einfassung (1,5 x 2,5 m) standen auf gestampftem Boden dicht an der nördlichen Einfassungsmauer vier Masseben unterschiedlicher Dimension und Form. Zwei Masseben dominierten: Die grössere von beiden war 117 cm hoch, 43 cm breit und 21 cm tief. Daneben stand eine etwas kleinere (73 cm Höhe), dafür aber breitere (55 cm) Massebe (Tiefe 16 cm). Beide hatten eine annähernd rechteckige Form, die sich nach oben hin bis zu einer flachen Spitze verjüngte. Ihre Front war geglättet. Daneben befand sich eine noch kleinere Massebe (Höhe 50 cm; Breite 30 cm; Tiefe 7 cm). Dicht bei den beiden höheren Masseben stand noch eine vierte Massebe (Höhe 54 cm; Breite 30 cm; Tiefe 8 cm), deren Oberseite rechteckig und flach war und zwei künstliche Vertiefungen aufwies.[231]
Vor der grössten Massebe befand sich eine Art Depositstein: Auf einer Steinbasis (Basalt) erhob sich ein Kalksteinquader mit 18 cm Höhe, der mit 15 Facetten dekoriert war. Auf diesem Quader wurde eine Basaltschale noch *in situ* entdeckt (Durchmesser 35 cm; Wandstärke 14 cm), die voll verbrannten Materials war.[232] Es dürfte sich um eine Votivschale handeln.

Die Bilanz der „Kulte am Tor" in Dan in der Eisenzeit (IIB und IIC) ist beachtlich. Mindestens drei Installationen mit Masseben wurden entdeckt, zwei davon mit einer Einrichtung zum Deponieren von Opfergaben. Eine Anlage befindet sich unmittelbar am Vortor, zwei an bzw. in der Nähe der Stadtmauer auf dem grossen Platz zwischen Aussen- und Vortor. Bei

---

[230] Biran 1997, 16.
[231] Biran 1997, 15 mit Abb. 15.
[232] Photo bei Biran 1997, Abb. 17.

zweien dieser Anlagen sind die Masseben an drei Seiten von Mauern umfasst und damit aus ihrer Umgebung herausgehoben. Ein besonders glückli-
cher Umstand ist, dass bei der Anlage am Vortor auch noch Keramik
gefunden wurde, die zeigt, dass sich die kultische Praxis am Tor mit
Räucherkult und dem Übereignen von Gaben an die numinosen Mächte
verband. Dies ist eine strukturelle Parallele zum Kult in Betsaida, auch
wenn dort die formale Ausgestaltung mit einer ikonischen Stele, einem
Libationsbecken und einem hohen Podium anders ist. Ob das von einer
anderen Kultur (israelitisch, phönizisch?) her zu erklären ist, bleibt fraglich.
Wie genau der Knochenfund in der Nähe der Anlage in Dan zu interpretieren ist, muss bis zur Endpublikation des *locus* offenbleiben. Bei aller
Verschiedenheit in den Details bestand aber anscheinend ein ähnlich
strukturierter Kult am Tor in Betsaida und in Dan.

Eine interessante Tatsache ist, dass nach der assyrischen Eroberung, die die
Anlage am Vortor und auch die fünf Masseben an der Stadtmauer zerstörte
bzw. unter einer Brandschicht begrub, ein Massebenkult in der Nähe des
Tors wieder auflebte.

4.1.2. Mögliche Überreste von Kultstätten am Tor, archäologisch aber nicht zweifelsfrei feststellbar

Die folgende Gruppe umfasst mögliche Überreste von Kultstätten am Tor.
Bei diesen Installationen liegen aber gewisse Bedenken aus archäologischer
Sicht vor, die einen Kult am Tor als nicht zweifelsfrei erscheinen lassen.
Die Zweifel beruhen darauf, dass entweder die Nähe zum Tor nicht gege-
ben ist und/oder eindeutige Anzeichen für eine kultische Installation fehlen.
Zum Teil würden sich solche Zweifel durch Nachgrabungen und/oder
detaillierte Publikationen des Fundorts, v.a. mit dort gefundener Keramik
und Kleinfunden, ausräumen lassen.
Der erste solche Fall liegt in **Tell el-Far'a (Nord)** vor. Man hat dort eine
Massebe mit Bassin gefunden. Ob es sich dabei um einen Kult *am Tor*
handelt, hängt davon ab, ob das Stadttor bei dem diese Einrichtung stand,
in die gleiche Zeit oder viel früher zu datieren ist. De Vaux, der in neun
Kampagnen zwischen 1946 und 1960 die Ausgrabungen durchführte,[233]
aber keine Endpublikation mehr veröffentlichen konnte, war der Ansicht,

---

[233] Als Jahresberichte jeweils veröffentlicht in der *Revue Biblique* 54 (1947), 55
(1948), 56 (1949), 58 (1951), 59 (1952), 62 (1955), 64 (1957), 68 (1961), 69
(1962).

dass das Tor wie die gesamte Befestigung, die aus der Mittelbronzezeit IIB (1750-1550 v. Chr.) stammen, ab der Eisenzeit IIA (10. Jh.) wieder benutzt wurden.[234]

A. Chambon, der die Endpublikation der Eisenzeit in Tell el-Farʿa übernahm, schloss sich dieser Ansicht an, obwohl er die unklare bzw. nicht vorhandene Stratigraphie der einzelnen Schichten, die aus der Vorgehens- und Dokumentationsweise von de Vaux resultierte,[235] auch bemängelt. Dennoch hebt er hervor, dass schon die erste eisenzeitliche Siedlungsschicht (VIIa, 12.-11. Jh.) den Befestigungswall der Mittelbronzezeit nicht überschreitet, obwohl in dieser Phase noch keine Stadtmauer vorhanden, sondern Tell el-Farʿa ein unbefestigtes Dorf war. Nach Chambon lag der Grund für diese Siedlungsplanung darin, dass die Reste der Verteidigungsanlagen der Mittelbronzezeit noch so hoch anstanden, dass man sie als Bebauungsgrenze wahrte. In der Eisenzeit IIA habe man dann, so Chambon im Anschluss an de Vaux, die Befestigung der Mittelbronzezeit erneuert und aus dem unbefestigten Dorf eine befestigte Stadt gemacht: das biblische Tirza.[236] Man habe dabei die alte Position des Stadttors, das ausserhalb der Mauern liegt, übernommen und nicht, wie üblich in der Eisenzeit, dieses nach innen verlegt,[237] weil der Zugang zum Tor mehrfach gesi-

---

[234] De Vaux 1951, 426f. Zum Tor aus der Mittelbronzezeit (IIB) vgl. Herzog 1986, 46f.

[235] De Vaux hat nicht nur bei der Grabung und der Dokumentation nicht zwischen den einzelnen Schichten unterschieden, sondern er hat auch bei stratigraphisch bedeutsamen Stellen keine Schnitte angelegt. Im Fall der Stadtbefestigung beispielsweise wurde kein Schnitt durch das Glacis gelegt, auch dort nicht, wo es das Tor schneidet, und genausowenig an den Stellen, wo die Stadtmauer von anderen Mauern geschnitten oder überlagert wird. Auch am Toreingang wurde kein Schnitt durch etwa vorhandene Schichten des Torbodens gemacht, um einen Nachweis für eine sowohl mittelbronzezeitlich wie mehrphasig eisenzeitliche Nutzung des Tors zu ermitteln. De Vaux ging wohl einfach davon aus, dass Tell el-Farʿa mit der biblischen Stadt Tirza gleichzusetzen sei und vorübergehend Hauptstadt der israelitischen Könige war (1 Kön 14,17. 15,21-33. 16,6. 8f. 15-18. 23) und als solche nicht unbefestigt gewesen sein konnte. Letztere Annahme ist wohl richtig. Zweifel an dem Vorhandensein der Befestigung in der Eisenzeit stellen dann freilich die Identität Tell el-Farʿas mit Tirza in Frage. Eine Kurzfassung der Gründe für die Identifikation von Tell el-Farʿa mit Tirza bietet de Vaux 1993, 433. Zuletzt hat Briend (1996) die Identifikations-Frage diskutiert, allerdings ohne auf das Problem der Befestigung einzugehen.

[236] Chambon 1984, 26-28 und 1993, 439.

[237] Auch H. Weippert schliesst sich dieser Auffassung an, ohne auf die stratigraphischen Probleme einzugehen, und hebt nur die Abweichungen von den eisenzeitlichen Toranlagen in Israel hervor (1988, 437). Mazar 1992, 465 mit Abb. 11.2

chert gewesen sei: Der Feind hatte beim Ansturm seine ungedeckte rechte
Seite der Stadtmauer auszusetzen und bot so den auf der Stadtmauer pla-
zierten Verteidigern ein gute Angriffsfläche; ein breites Glacis mit Graben
vor der Stadtmauer schützte die Stadtmauer und die südliche vordere Torzange vor Angriffen mit Rammböcken; ein starker Turm in der Stadtmauer
südlich des Tors des Zugangswegs bewachte den Zugang zum Tor; ein
Turm südwestlich des Toreingangs und westlich des Zugangs zum Tor si-
cherte auch auf der anderen Seite die Passage zum Tor (s. **Abb. 84-86**).

All diese Argumente (bis auf den Bezug auf die neuartige Angriffstechnik
mit Rammböcken in der Eisenzeit II) stellen natürlich auch gute Gründe
dar, warum man das Tor so und nicht anders in der Mittelbronzezeit
konstruiert hatte. Die Bedenken, die Wiederbenutzung bzw. einen Wieder-
aufbau von mittelbronzezeitlicher Stadtmauer und Tor in der Eisenzeit zu
akzeptieren, richten sich, neben der fehlenden Überprüfbarkeit der These
aufgrund der mangelhaften Vorgehens- und Dokumentationsweise von de
Vaux, auf die Tatsache, dass Teile der Stadtmauer und des Tors von
eisenzeitlichen Häusermauern überlagert werden.[238] Im Plan III von
Chambon, der die Situation am Tor in Stratum VIIb (10. Jh.) wiedergibt
(Abb. 85), ist deutlich zu sehen, dass die Stadtmauer und die südliche
hintere Torzange durch die westliche Mauer des Hofes *locus* 1498
überlagert werden. Im Plan V von Chambon, der die Situation am Tor in
Stratum VIId (9. Jh.) wiedergibt (**Abb. 13**), ist zum einen eine merkwürdige Schwächung des Tors zu konstatieren. Man hat – der Dokumentation folgend – die Torzangenkonstruktion aufgegeben, die hinteren
Zangenpaare abgebrochen sowie die Stadtmauer südlich des Tors durch
Kammern ausgedünnt (vgl. Rekonstruktion **Abb. 87**).[239] Zum andern läuft
die nordwestliche Ecke des Hofs *locus* 149A (zum „Palast" südlich davon
gehörend) über das Fundament der südlichen hinteren Torzange hinweg
(man beachte die Höhenangaben und die zeichnerische Darstellung; die
isometrischen Rekonstruktion bildet diesen Umstand nicht ab). All diese
Widersprüche und Unstimmigkeiten erschweren es, von einer Befestigung
von Tell el-Farʿa in der Eisenzeit auszugehen.[240]

---

subsumiert Tell el-Farʿa problemlos unter die Gruppe von Städten mit massiver
Stadtmauer (im Gegensatz zu Kasemattenmauern), obwohl er einen Plan abbildet,
der die widersprüchliche stratigraphische Situation zeigt.
[238] Fritz 1990a, 80 erwähnt dies als Tatsache, ohne im einzelnen näher darauf einzugehen.
[239] Chambon 1984 geht auf diese Veränderungen kaum ein und hält sie offenbar
für unproblematisch (p. 40 zum Tor im Niveau VIId).
[240] Vgl. das Resumé von Fritz: „Somit muss vorläufig offen bleiben, ob und in
welcher Weise der Ort während der Eisenzeit II befestigt gewesen ist. Das Fehlen

Herzog ist wie Fritz der Ansicht, dass das Tor aus der Mittelbronzezeit in der Eisenzeit nicht mehr in Gebrauch war. Vielmehr habe man es in einen Breitraumtempel verwandelt. Gründe dafür seien die „Steinbasis, eine 1,80 m hohe Stele und die Bänke entlang den Wänden [scil. des Torgebäudes]".[241] Es ist seltsam, warum Herzog seine überraschende These nicht breiter ausführt und begründet, zumal es für die Eisenzeit IIA in Israel nur sehr wenig Überreste von Tempelgebäuden gibt[242] und jeder neue Befund im Hinblick auf religionsgeschichtliche und historische Untersuchungen willkommen wäre. Vom archäologisch dokumentierten Befund her ist Herzogs These jedenfalls nicht nachzuvollziehen. Der Tempel wäre kein geschlossenes Gebäude gewesen, was unmöglich ist. Die Bänke müssten Depositbänke sein; innerhalb des Raums wurden aber keinerlei Überreste von Depositgaben dokumentiert. Die Stele und das Bassin vor dem „Tempel" sind allein noch kein Argument dafür, dass die Räume 152 und 123 (mittelbronzezeitliches Tor und Vorhof) in der Eisenzeit IIA in einen Tempel umgewandelt worden sind. Herzog denkt als Parallele vielleicht an die Installationen vor dem spätbronzezeitlichen Tempel in Hazor, Schichten 1B und 1A.[243] Hier sind aber Architektur und Fundinventar eindeutig einem Tempel zuzuordnen. Auch wenn die These von einem Breitraumtempel in Tell el-Far ͨa abzulehnen ist, so sind Stele und Bassin diejenigen Elemente, die in der Forschung vielfach Anlass sind, in Tell el-Far ͨa einen Kult am Tor zu finden.[244]
Es handelt sich um eine Installation, die in Stratum VIIb zum ersten Mal[245] vorhanden war, in VIId erneuert und erweitert wurde und auch in Stratum VIIe fortbestand (s. Abb. 84-87 und **Abb. 88-89**).

---

auch nur eines einzigen Schnittprofils und zahlreiche Unzulänglichkeiten in den Plänen machen eine eindeutige Entscheidung unmöglich, so dass die Frage nach der Befestigung vorläufig nicht entschieden werden kann. Die nachprüfbaren Befunde machen aber die Theorie des Ausgräbers eher unwahrscheinlich, demnach hat in der Eisenzeit II gar keine Stadtmauer bestanden" (1990a, 80).
[241] Herzog 1986, 93.
[242] Siehe Zwickel 1994, 263-280: sichere (5 Belege); 250-262: umstrittene (8 Belege).
[243] Vgl. Zwickel 1994, 132-146.
[244] Die folgenden positiven Aussagen gehen alle davon aus, dass ein Tor vorhanden war (Herzog 1986, 93, ist der einzige, der von einem Kult in Zusammenhang mit einem Tempel ausgeht): De Vaux 1951, 428. Whitney 1979, 141f. Chambon 1984, 25. 40. H. Weippert 1988, 437. Zwickel 1990, 225 m. Anm. 156. Chambon 1993, 439. Zwickel 1994, 197 Anm. 843. Emerton 1994, 462. Gleis 1997, 108.
[245] Gleis 1997, 108 ist sich offenbar der Diskussion um das Vorhandensein einer Befestigung in Tell el-Far ͨa nicht bewusst. Er nimmt die Existenz der Installation

In Stratum VIIb (10. Jh.) (Abb. 84-86) besteht die Anlage aus einem monolithischen Becken (48 cm lang, 60 bzw. 34 cm breit, 40 cm hoch) mit einer bassinartigen Vertiefung (40 cm lang, 28 bzw. 20 cm breit, 30 cm tief).[246] 0,5 m südöstlich davon befand sich eine annähernd quadratische, ca. 75 x 75 cm grosse,[247] aus 5 Steinen gebaute Basis. In Stratum VIIe wurde ca. 2,5 m südöstlich dieses Arrangements ein 1,8 m hoher, 40 cm breiter und tiefer Monolith gefunden,[248] der von de Vaux und von Chambon als Bestandteil der Installation angesehen wurde und ihrer Ansicht nach seit Stratum VIIb auf dieser Steinbasis stand.[249]

In Stratum VIId (9. Jh.) (Abb. 87 und 88) wurde die Anlage erneuert und erweitert. Die Steinbasis bleibt zwar die gleiche – auch auf gleichem Niveau (!) gemäss dem Plan –, aber ein neues Becken wird über das alte gesetzt. Es ist nun nicht mehr aus einem Stein gehauen, sondern aus grossen, flachen Quadern gebaut und wesentlich grösser: Die Aussenmasse betragen in der Länge 150-165 cm, in der Breite 130-125 cm und in der Höhe 55 cm; die Innenmasse 130 x 90 x 40 m.[250] Weder Chambon noch de Vaux erwähnen einen Verputz des Beckens.

In Stratum VIIe (7. Jh.) (Abb. 89) wurde die Anlage schliesslich mit Mauern umgeben und wurde Teil eines Hofes.[251] Die Steinbasis für den Monolithen war in diesem Niveau offenbar nicht mehr vorhanden. Wie bereits erwähnt, wurde der Monolith erst in diesem Niveau gefunden.

Eine Bewertung des Fundes hinsichtlich eines Kultes *am Tor* ist schwierig, da die Existenz des Tores in der Eisenzeit überhaupt fraglich ist. Von einem Kult, der mit einer Massebe und Libationen verbunden war, kann jedoch

---

schon in der Schicht VIIa an, in der sogar de Vaux und Chambon Tell el-Farᶜa als unbefestigtes Dorf sehen.

[246] Chambon 1984, 26 Abb. 5 mit Massangaben

[247] Diese Angabe aus de Vaux 1951, 428.

[248] Angabe nach de Vaux 1951, 428.

[249] De Vaux 1951, 428.

[250] Chambon 1984, 40 Abb. 11 mit Massangaben.

[251] Stager/Wolff 1981, 99f sind der Ansicht, dass es sich bei der Anlage in VIIe um eine Olivenpresse gehandelt habe; der Monolith habe zum Zerquetschen der Oliven (als „olive crusher") gedient. Dies ist bei einem Basaltstein mit einer Höhe von 1,8 m (Gewicht!) schwer vorstellbar, da das Zerquetschen der Oliven manuell geschah. Bei Ölgewinnung in grösserem Ausmass kamen die zerquetschten Oliven dann in grosse Ölpressen; deren Steingewichte sind aber völlig anders gestaltet. Ein schönes Beispiel ist in Tel Miqne/Ekron erhalten. Vgl. zur Olivenölproduktion den Überblick bei H. Weippert 1988, 636f.

ausgegangen werden.[252] Leider erwähnt de Vaux keine Kleinfunde oder Keramik, die mit dem Becken oder der Umgebung der Anlage assoziert waren, und Chambon fand offenbar darüber auch nichts in de Vaux' Grabungstagebüchern, so dass eine solche Annahme nicht zusätzlich gestützt werden kann und auch keine weiteren Informationen zur Kultpraxis gewonnen werden können.

Ḥorvat ʿUza am östlichen Ende des Aradtals und ca. 6,5 km südöstlich der Stadt Arad gelegen, gehört zu einer Gruppe von Festungen in diesem Gebiet, die in der Eisenzeit IIC neu ausgebaut oder errichtet wurden, um die Südgrenze Judas gegen Edom und Arabien zu schützen.[253] Die Festung stammt aus dem 7. Jh. v. Chr.[254] Sie nimmt eine Fläche von 51 x 42 m ein (**Abb. 90**). Ihr Befestigungssystem kommt in der Eisenzeit IIC auf:[255] Die massive Umfassungsmauer ist nicht sehr breit (1,5 m), wird aber im Innern durch eine parallele Mauer mit Quermauern verstärkt (sog. Kasemattenmauer) und zusätzlich durch 10 Türme in ihrer Stärke nach aussen partiell verdoppelt. Der Aussenmauer ist eine 1,25 m breite Stützmauer vorgelagert. Das von Türmen flankierte Tor stellt keine Kammernkonstruktion dar.[256] Vielmehr sind die Räume 336, 154 und 365 östlich des Tors und 413 westlich des Tors Teil der angebauten Kasemattenstruktur. Eine ähnliche Tor- und Mauerkonstruktion liegt beispielsweise in Arad Stratum VII (7. Jh.) vor.[257] Noch einfacher ist der Zugang zur Festung Ḥorvat Radum (s.u.) gestaltet.

Südwestlich des Kasemattenraums 154 liegt der Raum 366. Er ist zur Strasse hin offen und hat ein an die Strasse grenzendes, freistehendes Podium, zu dem an einer zur Strasse gelegenen Ecke drei Stufen hinaufführen (**Abb. 91**). Das Podium ist 1 m hoch und hat eine Fläche von 1,5 x 1 m. Es besitzt

---

[252] Fowler 1981 verneint dies entschieden. Für ihn ist die Eindeutigkeit nicht gegeben. Er trennt die Becken aus Stratum VIIb und d von der Massebe, da diese erst in Stratum VIId gefunden worden sei (30). Dieses Argument ist nicht stichhaltig, da man nicht in jeder Phase ein neues Kultmal (hoher symbolischer Wert!) hergestellt haben muss. Die Basis neben dem Becken spricht eher dafür, dass darauf die Massebe aus Stratum VIIe von Anfang an dort stand.

[253] Arad, Ḥorvat Ṭov, Ḥorvat Radum, ʿEn Ḥaṣeva, Tell el-Ḥulefi.

[254] Beit Arieh/Cresson 1991 und Beit Arieh 1993a. Vgl. auch H. Weippert 1988, 616. Eine Bulle aus Ḥorvat ʿUza mit Darstellung des Mondemblems von Harran wird auch ins 7. Jh. datiert. Zur Bulle siehe unten unter 4.2.4. (p. 84; unsere Abb. 114).

[255] H. Weippert 1988, 609f.

[256] Gegen Beit Arieh 1993a, 1495f.

[257] Herzog et al. 1984, Abb. 23.

eine rechteckige Vertiefung gegenüber den Stufen, die etwa ein Drittel seiner Oberfläche einnimmt. Neben dem Podium wurde eine hohe Aschenschicht gefunden, in der sich Tierknochen befanden.

Aschenschicht, Podium mit Stufen und seine Plazierung in einem öffentlich zugänglichen Bereich deuten darauf hin, dass es sich um eine Kultstätte handelt. Sie befindet sich nicht direkt am Tor, sondern in einer Seitenstrasse kurz vor der Torpassage[258] und kann deshalb nicht im engeren Sinn zu den Kulten *am Tor* gerechnet werden. Dennoch scheint es sich um einen (den?) öffentlichen Kult in der Festung Ḥorvat ʿUza zu handeln, und es ist aufschlussreich, dass dieser nicht mit einem grossen öffentlichen Gebäude (437) assoziiert war, sondern sich in Tornähe befand. Die Aschenschicht mit Tierknochen wirft die Frage auf, ob an dieser Stätte Brandopfer dargebracht wurden.

Ḥorvat Radum, eine weitere Festung aus der Eisenzeit IIC, 2 km südlich von Ḥorvat ʿUza gelegen und architektonisch dieser in manchem ähnlich, weist möglicherweise ebenfalls kultische Einrichtungen in Tornähe auf. Die Festung erstreckt sich auf einer Fläche von 25 x 21 m (**Abb. 92**).[259] Der Eingang lag im Osten. Ein L-förmiger Vorbau vor dem Eingang schützte das Tor vor einem direkten Angriff. Nördlich des Eingangs befand sich, auf der Innenseite ein offenes Podium (2 x 1,5 m),[260] zu dem drei Stufen hinaufführten. Es gibt keine Angaben darüber, welche Funde in Zusammenhang mit dem Podium gemacht wurden. Eine kultische Funktion legt sich aufgrund der Bauweise und der Plazierung nahe. Südlich des Eingangs befand sich – ähnlich wie neben dem Tor in Kuntillet ʿAǧrud – ein Breitraum mit drei Bänken, die noch Spuren von Verputz aufwiesen. Leider erwähnt der Ausgräber Beit-Arieh keine Funde aus diesem Raum, so dass man nur aus der Ähnlichkeit mit anderen Installationen auf Depositbänke schliessen kann.

---

[258] Gleis 1997, 106 gibt die Position des Podiums im Verhältnis zum Tor nicht richtig wieder, wenn er schreibt: „Diese Plattform steht für sich allein in einem ummauerten Hof, der in die Hauptstrasse des Forts in der Nähe des Tores mündet, so dass jeder, der durch das Tor geht, an diesem Hof vorbeikommt". Die „Hauptstrasse" des Forts ist der breite Zugangsweg zum Tor; das Podium steht in einer Seitenstrasse links nach dem Tor, und nicht jeder, der zum Tor ging, musste dieses Podium passieren.

[259] Die Festung wurde 1989 ausgegraben.

[260] So Beit Arieh im Text 1993b, 1254. Nach dem hier abgebildeten schematischen Plan hat das Podium die Masse 3,4 x 1,7 m.

Kuntillet ʿAǧrud liegt im nördlichen Sinai, ca. 50 km südlich von Kadesch-Barnea. In der Nähe kreuzten sich zwei alte Handels- und Reiserouten in nord-südlicher und ost-westlicher Richtung. Die Bauten wurden um 800 errichtet. Der Plan des rechteckigen Hauptgebäudes (25 x 15 m) mit vier Türmen an den Ecken erinnert an die eisenzeitlichen Festungen im Negev (**Abb. 93a**). Jedoch fehlen die typischen Kasematten entlang der Innenmauer, und auch die übrigen Installationen innerhalb des Baus und die stark erodierten Bauten im Osten lassen darauf schliessen, dass es sich um eine Reisestation gehandelt hat.[261]

Wie in Ḥorvat Radum den Eingang der Festung schützte in Kuntillet ʿAǧrud ein L-förmiger Vorbau im Osten des Gebäudes von Abb. 93 den Eingang. Der Vorbau war weiss verputzt und mit Bänken ausgestattet. Nördlich und südlich der Torpassage erstreckte sich je ein schmaler Raum mit Bänken entlang der Wände, deshalb die Bezeichnung „bench room". Im Tordurchgang und im Schutt des nördlichen Raumes fand man Inschriften mit Segensformel, die – wie die berühmteren Inschriften von den zwei Pithoi[262] – Jahwe und (seine) Aschera erwähnen. Eine andere Inschrift aus dem Westteil der Anlage, in der von einer Theophanie Els die Rede ist und auch Baʿal erwähnt wird, rät davon ab, von den Segensformeln im „bench-room" auf eine Kultstätte zu schliessen. Auch die Zeichnungen auf den Pithoi[263] fordern, von den Verehrern auf Pithos B abgesehen[264], keine kultische Deutung des Raumes. Eine solche würde eher durch eine 200 kg schwere Steinschale mit Votivinschrift[265] gefordert. Diese ist aber am Eingang zum südlichen Magazin (Abb. 93 Nr. 9) gefunden worden. Die Annahme, sie stamme aus dem „bench-room", ist bloss eine Vermutung. Zahlreiche kleine Gefässe wie Krüge und Krüglein, Schalen und Lampen auf den Bänken und in den Räumen am nördlichen und südlichen Ende des „bench-room" können kultisch gedeutet werden. Benjamin Sass, Tel Aviv, der an den Ausgrabungen teilgenommen hat, erinnert sich, dass der Raum Abb. 93 Nr. 5 wie eine *favissa* wirkte und dass man auch zwei Masseben gefunden hat, eine grosse und eine kleine mit abgerundeten oberen Enden und Vertiefungen im oberen Teil. Zusätzlich

---

[261] Meshel 1978, 1992 und 1993.

[262] Ein Pithos wurde im nördlichen „bench-room" gefunden, der andere nahe bei im Hof. Bei diesen Inschriften handelt es sich um Briefformulare; zu deren Funktion an dem abgelegenen Ort und zu ihrer Deutung vgl. Keel/Uehlinger [4]1998, 255-263 und 539f, besonders § 143. Renz/Röllig 1995, 47-64.

[263] Zu den Zeichnungen siehe Beck 1982; Keel/Uehlinger [4]1998, 255-263 und 539f.

[264] Beck 1982, 36-40. Keel/Uehlinger [4]1998, § 133 mit Abb. 221.

[265] Meshel 1978, Abb. 10. Renz/Röllig 1995, 56f.

wurde eine Steinplatte von breiteren Proportionen, eher ein Tisch als eine dritte Massebe gefunden (**Abb. 93b**).[266]

In **Beerscheba** wurde in der Nähe des Toreingangs ein hyperboloider Räucheraltar aus Kreidestein gefunden (**Abb. 94a-b**).[267] Der Altar ist 23,5 cm hoch und von hoher Qualität. Der Rand des Fusses wie auch der Öffnung ist verstärkt. In der Mitte befindet sich eine breiter Ring. Hyperboloide Form und auch der Ring in der Mitte lassen den Altar als Einzelstück unter den bisher bekannten, in der Regel rechteckigen Räucheraltären erscheinen.[268]
Die genaueren Fundumstände des Altars und seine zeitliche Zuweisung zu einer der eisenzeitlichen Schichten in Beerscheba sind aus den verschiedenen Quellen nicht leicht zu deduzieren. Aharonis Bericht aus dem Jahre 1972 weist den Altar der Schicht V zu, in der das Vierkammertor noch durch einen L-förmigen Vorbau mit Vortor und die östliche vordere Torzange durch einen starken Turm geschützt waren (**Abb. 95**): „The earlier gate, however, was broader and more massive and was equipped with a projecting tower about 5-6 m. broad. In the open area between the tower and the gate threshold, a well-dressed round incense altar was found ... which probably derives from a *bamah* alongside the gate entrance".[269]
Schicht V datiert in die Eisenzeit IIA und wurde in der 2. Hälfte des 10. Jh. zerstört.[270]
Herzog beschreibt die Fundumstände genauer. Demnach wurde der Altar im Fundamentgraben des Abwasserkanals aus Stratum III (8. Jh.) gefunden: „Ein Weihrauchaltar aus Kreidestein, der in den Einsturzschichten, die in die Fundamentgrube des Wasserkanals aus Stratum III eingedrungen waren, entdeckt wurde, gehört allem Anschein nach zu Stratum IV."[271] Der Satz ist etwas missverständlich und führt bei Zwickel auch zu dem falschen Schluss, dass der Altar aus den Schichten III/II stamme.[272] Zwickel versteht die Äusserung Herzogs wohl so, dass der Altar zur Masse der „Einsturzschichten" gehört, die aus der Schicht III in den Fundamentgraben des

---

[266] E-mail Mitteilung vom 6. März 1998. Meshel 1978 erwähnt auf p. 12 des englischen Texts und vis-à-vis von Abb. 1 im hebräischen Text „a number of flat slabs (hebräisch לוחות)" und gibt ihre Masse mit ca. 50-60 cm an.
[267] Aharoni 1972, 119.
[268] Siehe die Zusammenstellung bei Zwickel 1990, 129-135.
[269] Aharoni 1972, 19.
[270] Herzog 1993, 171.
[271] Herzog 1986, 121f.
[272] Zwickel 1990, 113. Er kritisiert Herzog für die Zuweisung des Altars zu Schicht IV.

Kanals so tief nach unten gelangt sind, dass sie schon in die Schicht IV (9. Jh.) eindrangen. Tatsächlich betrug die Tiefe des Kanals am Torweg 70 cm[273] und zerstörte den Boden des Tors von Schicht V.[274] Dennoch kann der Altar nicht aus der Schicht II (ebenfalls 8. Jh.) stammen, die zur Zeit der Konstruktion des Abwasserkanals noch gar nicht bestanden hat. Es ist auch wenig wahrscheinlich, dass der Altar zeitgleich mit der Konstruktionsphase des neuen Tors und des Kanals in Stratum III ist. Deshalb weist ihn Herzog zu Recht (mindestens) in das Stratum IV, das im Bereich des Kanals und seines noch tiefer reichenden Konstruktionsgrabens erreicht worden ist und sich so mit Keramik aus Stratum III, die in diesen Graben bei seiner Anlage geraten ist, vermischt hat. Da das Tor aus Stratum V in Stratum IV nur unwesentliche Veränderungen erfuhr,[275] könnte der Räucheraltar auch aus Stratum V stammen.

Herzog erwähnt in der Torecke rechts vom Eingang einen „abgerundeten Bau", „der als Grundlage eines Kultbaus gedient haben könnte".[276] Der Räucheraltar, der ja ebenfalls in diesem Bereich gefunden wurde, könnte damit von einer Kultinstallation an der rechten vorderen Torzange stammen, die bereits im 10. Jh. bestanden hat. Für Zwickel spricht nicht nur der Fundort, sondern auch die „hohe Qualität" des Altars „für einen öffentlichen Kult" am Tor in Beerscheba.[277] Die wohl begründete Annahme könnte zusätzliche Stützung durch eine ausführliche Publikation der Fundorte des Altars und des Rundbaus zusammen mit der gefundenen Keramik er-

---

[273] Aharoni 1972, 122.

[274] Herzog 1986, 120.

[275] Die Böden der Torräume wurden erhöht und mit einem Kalksteinfussboden bedeckt. Im ersten Raum auf der rechten Seite wurde eine Bank errichtet. Siehe Herzog 1986, 122.

[276] Herzog 1986, 122. In seinem Plan vom Tor (= Abb. 95) ist der Rundbau nicht eingezeichnet. Auf p. 164 listet Herzog Beerscheba nur aufgrund des Altarfunds unter die Städte, die einen Kult am Tor hatten.

[277] Zwickel 1990, 113. Vgl. auch ebd. 225 Anm. 158, sowie ders. 1994, 197 Anm. 843. Auch Whitney 1979, 141f geht aufgrund des Räucheraltars am Fundort Tor von einem Kult am Tor aus. Gleis 1997, 106 plädiert auch für einen Kult am Tor. – Emerton 1994, 463, zielt mit seiner Skepsis gegenüber Whitney ins Leere, da er diesen Altar offenbar mit dem sekundär verbauten Hörneraltar verwechselt, der in einem Haus in der Nähe des Tors gefunden wurde. Dieser Altar (s. Zwickel 1990, 127) war Grundlage für die These Yadins wie Aharonis, dass es in Beerscheba einen Tempel gegeben habe, vor dem der Hörneraltar gestanden habe. Zwischen Yadin und Aharoni besteht allerdings ein Meinungsunterschied hinsichtlich der Lokalisierung des Tempels (siehe Fritz 1990a, 95 mit Literatur).

halten, wodurch sich weitere Hinweise auf eine kultische Aktivität ergeben könnten. Eine solche Publikation steht aber noch aus.

In **Megiddo** schliesslich finden sich am 2-Kammertor des Stratums VA (10. Jh.)[278] zwei Installationen, die mit einem Kult am Tor verbunden sein könnten (**Abb. 96** und **97**, Plan und Rekonstruktion des Tors). Ein von Mauern begrenzter Zugangsweg führte von Osten über eine sanfte Wendung nach Süden auf das 2-Kammertor zu. Links vor dem Tor befand sich in ca. 2,30 m Höhe über dem Zugangsweg eine abgerundete Plattform, zu der zwei Stufen hinaufführten (s. Detailplan **Abb. 98**). Die Plattform war gegen den Zugangsweg durch eine Mauerbrüstung[279] (ca. 0,5 m breit und 0,2 m hoch erhalten) gesichert. Gegenüber an der Ostwand zogen sich zwei Bänke entlang, die nur 15 bzw. 25 cm hoch waren. Plattform wie Torweg waren mit weissem Kalkmörtel überzogen.

Der Ausgräber Loud konnte über die Funktion der „strange structure" nur Mutmassungen anstellen. Er schlug vor, es könne sich um eine „open sentry box" gehandelt haben,[280] also um einen Beobachtungspunkt für die Torwächter. Im Grunde spricht dafür nur die Tatsache, dass es sich um einen erhöhten Platz handelt. Vom Strategischen her erfüllt die Plattform aber nicht die Anforderungen, die man an einen Beobachtungsposten für den Torweg stellen müsste: Die Plattform ist nicht auf den Zugangsweg zum Tor ausgerichtet,[281] sondern auf das Gebäude gegenüber, links vom

---

[278] Die Stratigraphie der Tore Megiddos und der Stadt selbst für die Eisenzeit IIA wird seit langem diskutiert, ebenso wie die Einordnung der Schichten in eine absolute Chronologie. Besonders die Strata VA, IVB und IVA stellen die Interpretatoren vor grosse Probleme. Hier wird der Interpretation Herzogs (1986, 101-108) gefolgt, der Yadins These von einem gemeinsamen Stratum VA/IVB überzeugend widerlegt (eine Kurzfassung des Yadin'schen Konzepts bei H. Weippert 1988, 431-434) und Stratum VA und IVB als eigenständige Bauphasen am Tor wie in der Stadt unterscheidet. Im Fall des Tors ergibt sich dann, dass das Sechskammertor zu Stratum IVB, während das Zweikammertor zu VA gehört. Was die zeitliche Zuordnung angeht, datiert Herzog Stratum VA noch in die Zeit Davids, also in die 1. Hälfte des 10. Jh., während Fritz eine Zuweisung in die 2. Hälfte des 10. Jh. favorisiert (1990a, 72), was sich auf Arbeiten Ussishkins (1980 zur Frage einer Bautätigkeit Salomons in Megiddo) und Wightmans (1985 zur Keramik Megiddos und Parallelen) stützt. Die Datierung von Megiddo VA wird zur Zeit intensiv diskutiert. Auf diese Diskussion kann hier nicht weiter eingegangen werden.
[279] Breite ca. 50 cm, erhaltene Höhe ca. 20 cm; Angaben ermittelt aus Abb. 98.
[280] Loud 1948, 45.
[281] Dies betont auch Herzog 1986, 96. Gleis 1997, 105 missversteht die Äusserung Herzogs „da aber die Bänke nicht auf den Zugangsweg gerichtet sind" und interpretiert sie so, dass „die Bänke so angeordnet sind, dass die darauf Sitzenden sich

Tor (dazu gleich). Sollten die Bänke als Sitzgelegenheit für die Posten gedient haben, wären sie mit der geringen Höhe sehr unbequem gewesen, und
man hätte, auch aufgrund der Mauerbrüstung und der nach hinten gerückten
Position der Bänke, die Umgebung noch weniger überblicken können. Eine
strategische Funktion der Plattform ist deshalb nicht anzunehmen.

Es könnte sich vielmehr um einen offenen Kultplatz am Tor gehandelt haben.[282] Herzog erwähnt auch noch „ein grosses Steinbassin neben den
Treppen", das mit dem Kultplatz zusammenhängen könnte.[283] Im archäologischen Bericht ist von einem solchen Bassin nicht die Rede; eine Kennt-
lichmachung des Bassins fehlt auch in den Plänen und in der Rekonstruktionszeichnung. Eventuell meint Herzog das rechteckige Gebilde südlich der
L-förmigen Bank neben den Treppen, aber er macht auch keine näheren
Angaben zu dem Bassin selbst oder seiner Quelle für diese Information.
Ein Bassin würde der Interpretation der Plattform als Kultplatz natürlich
noch mehr Gewicht verleihen. Leider finden sich im Schlussbericht Louds
keine Hinweise auf Funde aus diesem *locus*, und letztere sind auch nicht
aus dem Katalog zu ermitteln, da die Plattform keine *locus*-Nummer trägt.

Die Plattform ist, wie oben bereits erwähnt, auf eine Struktur ihr gegenüber
ausgerichtet, die rechts vom Tor auf einer niedrigen Terrasse steht (*locus*
2161) (Abb. 96 und 97). Es handelt sich um einen mindestens 11,5 m langen Breitraum (Breite innen ca. 1,75 m). Links und rechts des ca. 1,75 m
breiten Eingangs befanden sich an der Front des Gebäudes lange Bänke.
Man erreichte das Innere des Gebäudes über eine Stufe. Gegenüber des
Eingangs, etwas schräg nach Süden versetzt, wurde eine Nische gefunden
(ca. 30 cm tief, fehlt in der Rekonstruktionszeichnung Abb. 97). Loud
schlägt auch hier vor, dass es sich um „a guardroom or perhaps a customs
post" gehandelt haben könnte, „whence careful survey could be made of
everyone and everything entering the city".[284] Auch in diesem Fall erscheint diese Annahme nicht unbedingt zwingend, auch wenn die strategische Position nicht so ungünstig ist wie bei der Plattform gegenüber. Dennoch ist nicht klar, warum das Gebäude dann so weit zurückgesetzt vom
Torweg liegt. Bei dem auf dieses Zweikammertor folgenden Sechskammertor aus Stratum IVB befinden sich rechts vor dem Tor drei kleinere Räume,

---

mit dem Rücken zum Weg befinden". Ein Blick auf den Plan Louds zeigt, dass
dies schon anatomisch unmöglich ist.

[282] Herzog 1986, 96.

[283] Ebd. – Gleis 1997, 105 erwägt, zusammen mit Prof. Mittmann aus Tübingen,
ob das Bassin nicht als Basis einer Stele gedient haben könnte. Wenn es sich um
ein Bassin handelt, ist diese These nicht schlüssig, da Stelen nicht in einem Bassin
aufgestellt werden.

[284] Loud 1948, 45.

die von Loud ebenfalls als Standorte der Torwachen angesprochen wurden. Hier liegen aber die Räume direkt am Torweg und gegenüber des Vortors.[285] Eine solche Position leuchtet für eine Wachfunktion weit mehr ein. Auch die Nische in dem Breitraum wird von Loud nicht berücksichtigt. Die geringe Tiefe spräche für eine Stele, die dort aufgestellt war.[286] Leider wurde für den *locus* 2161 im Katalog der Keramik und der sonstigen Funde kein einziges Objekt aufgelistet, und Loud schweigt über Funde aus diesem Bereich, wie auch schon im Fall der Plattform. So könnte man nur aus den Grabungstagebüchern erfahren, welche Funde sich mit dem Breitraum und der Plattform vor dem Tor verbinden. Die Wahrscheinlichkeit, dass es in Megiddo VA einen Kult am Tor gab, hat jedoch gute Argumente aus der Analyse der Architektur für sich.

Insgesamt ist als Ergebnis der Analysen von Kulten am Tor in Palästina/Israel der Eisenzeit folgendes festzuhalten: Bei den Festungsbauten, Ḥorvat ʿUza, und Ḥorvat Radum, sind offenbar kultische Installationen in Tornähe (Ḥorvat ʿUza, Ḥorvat Radum: Breitraum) bzw. am Tor (Ḥorvat Radum) vorhanden. Kuntillet ʿAǧrud ist angesichts der unzulänglichen Publikation schwer zu beurteilen und scheint, nicht nur insofern es keine Festung ist, ein Sonderfall zu sein. Die kultischen Anlagen der Festungen scheinen, zumindest von der kultischen Praxis her, anders strukturiert zu sein als die Einrichtungen am Tor der Städte Betsaida, Dan, Beerscheba, Megiddo (?), Tell el-Farʿa (?), die mit Masseben, Stelen, Libationen und/oder Votivgaben einhergingen (in Dan evtl. auch noch mit einem Opferfleischkult). Die Orte im Süden Judas weisen weder Stelen noch Masseben auf (ausser Kuntillet ʿAǧrud und ʿEn Ḥaṣeva) und es gibt auch keine Anzeichen für Räucherkult (ausser ʿEn Ḥaṣeva). Dennoch lassen die Depositbänke in Ḥorvat Radum und evtl. Kuntillet ʿAǧrud auch auf Votivgaben schliessen, was eine Gemeinsamkeit mit den anderen, ‚städtischen' Kulten am Tor bildet. Die Funktion des Podiums in Ḥorvat Radum ist unklar; evtl. liessen sich hier auch noch Gemeinsamkeiten mit den ‚städtischen' Kulten ermitteln. Ebenso wirft die Aschenschicht mit Tierknochen neben dem Podium in Ḥorvat ʿUza die Frage auf, ob sich nicht auch hier – wie evtl. in Dan – ein Kult am Tor bzw. in Tornähe mit einem Opferfleischkult verband. Gemeinsam ist freilich allen aufgeführten Kultstätten die Nähe zum Tor (Tell el-Farʿa?), und gemeinsam könnte all jenen Orten auch die Abwesenheit eines Tempels und damit eines zentralen öffenlichen städtischen bzw.

---

[285] Vgl. bei Herzog 1986, Abb. 82.
[286] Herzog 1986, 96.

lokalen Kults gewesen sein.[287] Dennoch war in einem solchen Fall das kultische Handeln innerhalb der Siedlungen nicht auf das (Privat-)Haus beschränkt, wie in der Forschung immer wieder geäussert wird,[288] sondern das Tor wurde dann zum bevorzugten, öffentlichen Platz, an dem sich kultisches Handeln manifestierte. Dies bestätigt die Wichtigkeit des Tors im Alltagsleben der Bewohner[289] und kann auf eine Sozialstruktur weisen, in der eine lokale dauerhafte Autorität fehlt (vgl. 2 Sam 15,1-6), so dass weder Palast noch Tempel zum Zentrum öffentlichen Handelns wurde.

4.1.3. Behauptete, archäologisch aber nicht nachweisbare Kultstätten am Tor

Es bleibt noch, diejenigen Fälle aus der Literatur zu diskutieren, die als Kulte am Tor angesprochen werden, denen jedoch aus archäologischer Sicht ein schlüssiger Nachweis fehlt.

Wenn von einem Kult am Tor die Rede ist, wird fast immer auch das überdachte Podium am Haupttor in **Dan** erwähnt (Abb. 78 und 80, jeweils Nr. 10) bei dem eine kultische Funktion auch durch den Ausgräber in Erwägung gezogen wird.[290]

Die Anlage, 2,5 x 1,1 m gross, besteht aus einem Podium, das nicht massiv konstruiert wurde, sondern einen rechteckigen Raum in seinem Innern bis zum Boden aussparte. Am Rand dieser Aussparung befindet sich links und

---

[287] Für Dan steht die Klärung der Funktion des sog. „High Place" und der angrenzenden kultischen Installationen in Areal T im Norden der Stadt noch aus. Zur Diskussion vgl. Zwickel 1994, 254-256. Eine Zusammenfassung des bisherigen archäologischen Befunds und der mit der Stätte assoziierten Funde sowie Pläne der verschiedenen Nutzungsphasen bei Biran 1994, 159-233. Auch in Beerscheba ist umstritten, ob es dort einen Tempel in der Eisenzeit gab (s.o. Anm. 277).
[288] Zu den Belegen s.o. unter 1.2. Die These macht sich an den Räuchertassen, -kästchen und -altären fest, deren Verwendung ausschliesslich im Privatkult im Haus oder im Totenkult gesehen wird und nicht in Zusammenhang mit öffentlichen Kulten. Die Kulte am Tor widerlegen dies, da auch dort Räuchertassen und Räucheraltäre gefunden werden.
[289] Vgl. den entsprechenden Abschnitt bei Herzog 1986, 160-165. Herzog listet 5 Funktionen auf: politische und juridische Funktion, Prophezeiung, Kult, Handel.
[290] Zur Dokumentation des archäologischen Befunds Biran 1974, 45-47 m. Abb. 16. 19. 20, und Biran 1994a, 238-241. Für eine Interpretation als kultische Einrichtung Whitney 1979, 140f. Herzog 1984, 164. Zwickel 1990, 225f. Gleis 1997, 104f.; grosse Zweifel meldet Emerton 1994, 463 an; unentschieden, ob dies ein Richterplatz im Tor ist, wie er in 2 Sam. 19,8 erwähnt wird, oder ein Kult am Tor, wie in 2 Kön. 23,8, sind Biran 1974, 45 und 47, Biran 1994a, 241 und H. Weippert 1988, 551.

rechts je eine längliche, rechteckige Einkerbung, in die ein Objekt wohl quer eingepasst wurde. Vor dem Podium befindet sich eine lange, stufenartige Erhöhung. Das Podium und ein Drittel dieser Erhöhung waren an vier Ecken von Säulenbasen (syrischer Blattkranzstil) umgeben, von denen drei gefunden wurden, zwei davon *in situ*. Das Podium war demnach möglicherweise überdacht. Über Kleinfunde, die in der Umgebung des Podiums gefunden wurden und die Aufschluss über eine etwaige kultische Nutzung der Anlage geben könnten, berichtet Biran nichts. Da die Anlage einzigartig in ihrer Struktur ist, kann auch der archäologische Vergleich nicht weiterhelfen. Zwickel geht so weit, hier den Platz einer Stele Jerobeams I. plaziert zu sehen, die mit einer Steinplatte vor dem Umkippen gesichert wurde.[291]

Diese phantasievolle Interpretation nährt sich aus der ursprünglichen Datierung der gesamten Toranlage durch Biran an das Ende des 10. Jh., wodurch sich Jerobeam als Bauherr gemäss 1 Kön 12,29-31 anbietet. Mittlerweile hat sich, durch eine Reinterpretation der Keramik unter dem Pflaster,[292] die Datierung der Toranlage in die Mitte des 9. Jh. verschoben.[293] Eine Stele Jerobeams I. kann dort also nicht gestanden haben.

Ist das Podium aber überhaupt ein Platz für eine kultische Stele?[294] Sie hätte zumindest nicht einer derartig aufwendigen Einbettung und Sicherung bedurft, da Basaltstelen einer gewissen Dimension, wie beispielsweise die Stelen aus Betsaida, so schwer sind, dass sie von alleine standfest sind. Alle Betsaida-Stelen standen frei auf einem Untergrund, ohne in einer Vertiefung verankert und gesichert zu sein. Die Frage ist auch, ob ein Kultbild, wie es sich Zwickel vorstellt, eine Überdachung benötigt hätte, ja ob dies bei einem Kultbild überhaupt sinnvoll ist, da es ja deshalb auf eine Erhöhung gestellt wird, damit es weithin sichtbar ist. Es ist auch widersinnig,

---

[291] Zwickel 1990, 226.

[292] Die späteste Keramik oder auch sonstige datierbare späteste Kleinfunde unter dem Boden einer Struktur zeigen an, wann der Boden frühestens über eine alte Schicht gelegt worden sein kann bzw. ein Fundament konstruiert wurde. Biran datiert mittlerweile die späteste Keramik unter dem Boden am Tor in die erste Hälfte des 9. Jh. – was als frühesten (und wahrscheinlichen) Zeitpunkt der Konstruktion der Toranlage die Mitte des 9. Jh. festlegt.

[293] Biran 1994a, 246.

[294] Gleis 1997, 105 hält es, gestützt auf eine mündliche Mitteilung Prof. Mittmanns aus Tübingen, für möglich, dass in dem Podium eine Stele eines assyrischen Königs verankert gewesen sei. Gründe für die These werden nicht genannt, weder dafür, warum (und wann?) es sich um einen assyrischen König gehandelt haben soll, noch dafür, wie man sich diese Verankerung praktisch vorzustellen hat.

ein Podium zu bauen und ein Kultbild dann wieder in eine Vertiefung einzulassen, die es auf Bodenniveau absenkt.

Die Überdachung spricht eher für eine Nutzung des Podiums durch Menschen. Die Funktion ist zweifach zu denken. Durch Podium und Baldachin entsteht eine spezielle Heraushebung der Person; der Baldachin schützt zusätzlich vor Sonne. Welche Konstruktion sich mit der räumlichen Aussparung im Podium verbindet, ist rätselhaft, denn ein mobiler Thron oder Richterstuhl hätte auch auf einer planen Fläche stehen können. Vielleicht ergibt die Schlusspublikation des *locus* noch manchen Aufschluss.

Ein „Kult am Tor" sollte aber mit dem Podium in Dan nicht verbunden werden, da wir durch die weiteren Funde in Dan, den Fund in Betsaida und an den eben diskutierten Orten besser darüber orientiert sind, wie solche Kulte in ihrer Struktur aussahen. Mit diesen Installationen hat die Podiumsanlage in Dan nichts gemein.

Zwickel hat auf eine Installation am Tor von **Kinneret** aufmerksam gemacht, die nach seiner Einschätzung als Kulthöhe am Tor anzusprechen ist.[295] Die Struktur ist mit dem Tor des Stratum II verbunden, das gegen Ende des 9. oder zu Beginn des 8. Jh. erbaut worden ist.[296] Das Tor ist ein Zweikammertor, von dem nur die südwestliche Hälfte freigelegt wurde (**Abb. 99** und **100**). Auf der Stadtinnenseite ist eine relativ grosse Plattform (*locus* 662)[297] an die (ausgegrabene) linke Torzange (W 619) angebaut. Sie hat annähernd die Form eines Viertelkreises (ca. 70 Grad) und erstreckt sich fast über die gesamte Länge der hinteren Torzange (ca. 5,5 m). Ihre erhaltene Höhe variiert von 1,3 - 0,9 m. Vor dem Tor dehnt sie sich maximal auf ca. 3,8 m aus (Radius in nord-westlicher Richtung). Die Plattform war von Mauern, die aus einer einfachen Reihe von Steinen bestand (W 669, W 626), eingefasst. Ihre Packung besteht aus Lehm und wenig Humus und ist mit kleinen runden Steinen, Tonscherben und Knochen durchsetzt. Die Oberfläche war unbedeckt. An der Plattform ihr zog sich eine Gasse (*locus* 615) entlang, die gleichzeitig den Zugang zu einem Pfeilerhaus bildet.

In Zusammenhang mit der Plattform wurden keinerlei Funde gemacht, die einen Hinweis auf die Funktion dieses Baus geben könnten. Fritz erwägt die Möglichkeit, dass es sich um eine Konstruktion gehandelt habe, um die Wassermassen, die bei stärkeren Regenfällen auftraten, zu kanalisieren und

[295] Zwickel 1990, 225 Anm. 160, und 1994, 197 Anm. 843.
[296] Fritz 1993, 300.
[297] Das Folgende nach Fritz 1990b, 46.

von der hinteren Torzange abzuleiten.[298] Zwickel bezweifelt dies und hält einerseits eine Stützmauer für eine solche Funktion für ausreichend[299] bzw. meint, dass diese Funktion nicht die einzige gewesen sein könnte.[300] Kinneret liegt jedoch in einer starken Hanglage (Abhang zum See). Das Tor des Stratum II wurde im Südosten errichtet, zwar näher an der Kuppe des Hügels, aber dennoch in Hanglage. Innerhalb der Stadt fällt das Gelände auf einer Länge von 55 m in direkter Linie zum Tor um 7 m ab. Der Druck von Wassermassen auf das Tor bei stärkeren Regenfällen ist also durchaus anzunehmen, und es bestand die Gefahr einer Unterspülung. Eine einfache Stützmauer kann diesen Druck nicht aufnehmen. Die These von Fritz ist also durchaus logisch. Einen Kult am Tor aufgrund einer Plattform dieser Art, die sonst keinerlei Überreste für einen Kult aufweist, zu postulieren, kann an keinerlei bauliche Parallelen anknüpfen und ist auch aus den genannten anderen Möglichkeiten insgesamt sehr unwahrscheinlich.

Zuletzt sei noch eine Installation aus **Hazor** erwähnt[301], die von Whitney und Graesser als Kult am Tor angesprochen wird.[302] Die Installation stammt aus der Spätbronzezeit und soll deshalb hier nicht diskutiert werden.[303]

Der hier gebotene Überblick zu Kulteinrichtungen beim oder im Tor beschränkt sich auf Palästina/Israel. Den Verf. ist bewusst, dass gerade mit Blick auf die südostanatolisch-nordsyrische Ikonographie der Stele von Betsaida ebenfalls im syrisch-anatolischen Raum nach vergleichbaren Situationen beim Tor gesucht werden müsste.[304] Im Rahmen dieser Studie muss jedoch auf eine Behandlung dieser Belege verzichtet werden.

---

[298] Fritz 1990b, 47f. Vgl. auch ders. 1986, 23.

[299] Zwickel 1990, 225 Anm. 160.

[300] Zwickel 1994, 197 Anm. 843.

[301] Yadin et al. 1961, 292 und Abb. CXLII, 1 und 2 (Photos). CCXCIV, 13 (Massebe, Zeichnung) und CCCXXXIII, 8 (Massebe, Photo). Plan XLIII des Areals/Stratums.

[302] Whitney 1979, 141f. Graesser 1972, 55f.

[303] Immerhin soll bemerkt werden, dass die herausgehobene Struktur mit Masseben, bei der Reste von Opfergeschirr gefunden wurden, zwar an die südöstliche Mauer des Torbaus gesetzt war, aber in einem abgeschlossenen Hof stand, der zu einem Privathaus gehörte. Es kann keine Rede von einer „small cultic installation at the gateway" sein (Graesser 1972, 56), was auch Gleis betont (1997, 108).

[304] Hier wäre etwa auf vergleichbare Befunde in der südlichen Toranlage in Karkemiš zu verweisen, wo in einer stadteinwärts liegenden Torzange eine kultische Anlage aus der 2. Hälfte des 8. Jh. gefunden wurde, welche neben einer vollplastischen Löwenstatue einen Beigabentisch mit einer rechteckigen Mulde enthielt.

Ein Sonderfall: ʿEn Ḥaṣeva

Als Sonderfall soll schliesslich noch die Kultstätte von ʿEn Ḥaṣeva, dem biblischen Tamar, ca. 30 km südwestlich vom Toten Meer in der ʿArava vorgestellt werden. An dem Ort fanden sich während der Eisenzeit II (10.- 6. Jh.) drei sehr verschieden grosse, durchwegs fast quadratische Anlagen: eine sehr kleine aus dem 10., eine grosse von ca. 100 m Seitenlänge aus dem 9./8. Jh. (**Abb. 101**)[305] und eine mittelgrosse aus dem 7./6. Jh. Ausserhalb der Ostmauer der mittleren Anlage fand sich ca. 30 m nördlich vom Tor eine rechteckige, nach Osten offene Anlage aus dem 7./6. Jh. (**Abb. 102**).[306] Sie befand sich also ca. 50 m nordöstlich der gleichzeitigen Anlage. Unmittelbar neben (südlich) der Kultstätte war eine Grube, in der man von behauenen Kalksteinblöcken zertrümmert und bedeckt 75 Kultgefässe fand. Die eindrücklichsten sind drei anthropomorphe Kultständer (**Abb. 103**).[307] Sieben Kalksteinaltäre, fünf Räuchertassen und zwei kleine Kohleschaufeln zeugen von einer intensiven Räucherpraxis.[308] Eine schematisch reliefierte Stele gibt einen Hinweis auf den Adressaten des Kults (**Abb. 104**).[309] P. Beck hat die sichelförmige Vertiefung als Stierhörner deuten wollen.[310] Im Unterschied zu den von ihr genannten südarabischen ‚Parallelen‘ ist auf der Stele aber nichts von einem Stierkopf zu sehen. Es ist naheliegender die Vertiefung als Sichelmond zu deuten. Diese Deutung

---

Auch vor dem Tor wurden solche Beigabentische gefunden (Woolley 1921, 82-95, pl. 12; vgl. unsere Abb. 116). Als eine nahe Parallele zu der eigentlichen Kultstätte in Betsaida liesse sich etwa ein in Sarepta freigelegter Schrein anführen, welcher ein erhöhtes Podium enthielt, zu dem eine Stufe hinaufführte. In diese, von den Ausgräbern als „offering table" bezeichneten, Installation war ein Verankerungssockel aus Stein eingelassen, welcher wohl der Stabilisierung eines Betyls diente. Der Raum, in welchem das Podium gefunden wurde, zeichnet sich durch den Wänden entlang führende Bänke und durch die reichen Funde eindeutig als Kultort aus. Es wurden auch Hinweise auf Räucherkulte gefunden. Die Anlage ist in das 8./7. Jh. zu datieren (Pritchard 1975, 14-20.22-35, fig. 2. und fig. 33-36). Kultische Handlungen am Tor können auch in Zypern beobachtet werden, so z.B. in Kition, wo ein vor-phönizisches Tor gefunden wurde, zu dessen beiden Seiten je ein Tempel stand (vgl. Karageorghis/Webb/Iubsen-Admiraal 1978).

[305] Cohen/Yisrael 1995, 19 (hebräischer Teil).

[306] Cohen/Yisrael 1995, 25 (englischer Teil).

[307] Beck 1996, 104 Fig. 2.

[308] Cohen/Yisrael 1995, 34 (englischer Teil), 37 (hebräischer Teil). Cohen/Yisrael 1996, 45 und 49.

[309] Cohen/Yisrael 1995, 28 (hebräischer Teil). Keel/Uehlinger ⁴1998, 546f.

[310] Beck 1996, 107-110.

wird durch die Darstellung auf einem Siegel mit der Inschrift *lmskt bn whzm* unterstützt, das neben der Festung aus dem 7./6. Jh. gefunden worden ist (**Abb. 105a**).[311] Das Siegel, das einen arabischen Namen in edomitischer Schrift bietet, gehört zu einer bekannten syro-palästinischen Gruppe: Zwei sich gegenüber stehende Verehrer flankieren in der Regel einen Ständer, über dem Astralsymbole zu sehen sind, am häufigsten der Sichelmond.[312] Meistens befindet sich dieser über den Händen der Verehrer. Auf mindestens drei Parallelen ist er wie auf dem Siegel von ʿEn Haṣeva, unter ihren Händen, unmittelbar über dem Ständer zu sehen (**Abb. 105b-c**).[313] Die Darstellung auf dem Siegel von Abb. 105a zeigt weder „bull horns"[314] noch „a horned altar".[315] Wir haben in ʿEn Haṣeva, wenn nicht eine Kultstätte beim Stadttor, so doch wenigstens ein Heiligtum *extra muros* und einen weiteren Beleg für den Mondkult, der sich in der späten Eisenzeit über die ganze Levante ausbreitete.

4.1.4. Der Kult am Tor – eine eigene Gattung öffentlichen Kults in Palästina/Israel in der Eisenzeit

Es wurde im Abschnitt 1.2 bereits dargelegt, dass man in der Forschung davon ausgeht, dass in Palästina/Israel ab dem 10. Jh. einerseits häusliche Riten zunehmen und dass es andererseits bis zum Ende des 7. Jh. wenig Nachweise für städtische öffentliche Kulte gibt. Erstere These stützt sich vor allem auf die in zunehmender Zahl bei Ausgrabungen gefundenen neuen Gattungen für Räucheropfer (Räuchertassen, Räucherkästchen, kleine Kalksteinaltäre), die oft in Privathäusern oder, wie die Räuchertassen, auch als Grabbeigaben gefunden werden.[316] In gewisser Weise ergänzt die zweite These das Bild von der Kultentwicklung der Eisenzeit II. Da man in den Städten dieser Zeit nur wenig Hinweise auf Tempelbauten – im Gegensatz zur Spätbronzezeit – findet, formt sich so ein Bild von einem kultischen Handeln, das sich öffentlich bzw. repräsentativ für eine ganze Gemein-

---

[311] Cohen/Yisrael 1995, 24 (hebräischer Teil). Cohen/Yisrael 1996, 50.

[312] Ornan 1993, 67 Abb. 56-65. Keel 1994, 174f mit Abb. 85-93. Avigad/Sass 1997, Nr. 761.1007.1014.1016.1018.1026.1043.1044.1047.1058.1078.

[313] Avigad/Sass 1997, Nr. 1058 und 1044; vgl. Nr. 1007. Keel 1994, 197 Abb. 88 und 86; vgl. Abb. 91.

[314] Beck 1996, 108. Stierhörner ohne Stierkopf sind unseres Wissens als Symbol nicht belegt.

[315] Cohen/Yisrael 1996, 49.

[316] H. Weippert 1988, 447f. 479. 623. Zwickel 1990, 16 Anm. 62. 40. ders. 1994, 15. 281. 283.

schaft in einigen wenigen „Staatsheiligtümern" mit Priestern sowie Brand- und Schlachtopfern vollzieht, und sich im „privaten" Bereich vor allem im häuslichen Räucheropfer erschöpft.[317] Wo ist in einem solchen Bild Platz für einen Kult am Tor?

Wolfgang Zwickel hat in seinen Arbeiten zum Räucherkult (1990) und zum Tempelkult in Kanaan und Israel (1994) die Dichotomie von (spärlichem) öffentlichen Tempelkult und privatem Räucherkult in jüngster Zeit mit sehr viel Material belegt. Dies gelingt ihm vor allem auch aufgrund enger Begriffsbildungen. Seine Kategorien sollen hier kurz vorgestellt werden, vor allem in Hinblick auf die Frage, ob sie der materiellen Realität angemessen sind und ob sie eine nachgewiesene (!) Kultform wie den „Kult am Tor" in geeigneter Weise erfassen können. Zwickel identifiziert vier Orte kultischen Handelns: *Tempel, Kapelle, Kultstätte, Privatkult*. Die ersten drei Kategorien bilden öffentliche Kultstätten:

- der *Tempel* als monumentales Gebäude oder als ein Gebäudekomplex;
- die *Kapelle* als „öffentliches Kultgebäude" bzw. „öffentliche kultische Einrichtung, die in der Regel nicht grösseren Volksmengen für kultische Handlungen dient, sondern dem öffentlichen Privatkult zuzuordnen ist";
- die *Kultstätte* als „Oberbegriff für alle öffentlich genutzten kultischen Anlagen", die öffentlichen Gottesdiensten dienten; soweit jene sich im Freien befinden, handle es sich dann um die sog. Kulthöhen (hebr. במות);
- der *Privatkult,* eine „Installation oder (ein) Gegenstand in einem Privathaus" mit „Schwerpunkt auf der persönlichen Frömmigkeit der Anbetenden und nicht der religiösen Gemeinschaft". Der Privatkult bedurfte selbstredend keines Priesters und keiner kultischer Regeln, und typisch für ihn seien „Amulette, Tonfigurinen oder Räuchergeräte".[318]

Die *Tempel* zu identifizieren, bereitet Zwickel mit dieser Kategorienbildung noch die wenigsten Schwierigkeiten, da er sich hier an die baulichen Überreste halten kann. Seine Kriterien sind dabei allerdings so eng gesteckt, dass er eine Reihe von Stätten als Tempel ausscheidet oder anzweifelt und für die gesamte Eisenzeit I und II nur auf sechs Belege kommt, die er sicher als Tempel (oder öffentlich genutzte offene Anlagen) ansprechen kann.[319]

---

[317] Vgl. z.B. H. Weippert 1988, 612ff. Zwickel 1994, 274. 283f.

[318] Zwickel 1994, 9.

[319] Für die Eisenzeit I handelt es sich um drei Stätten: die „Bull Site" (7 km östlich von Tel Dothan) als freiliegende Kulthöhe ausserhalb einer Siedlung; Tel Qasile (Strata XII-X) und Tel Miqne/Ekron (Strata VIA-IV) als Tempelbauten in den Städten des Küstenbereichs (philistäische Kultur). Für die Eisenzeit II fallen auch nur sicher drei Stätten an: Makmish (locus 300, Stratum XIII mit einer evtl. dazu-

Schwieriger wird es für Zwickel, aufgrund der von ihm gewählten Definitionen zwischen „öffentlich" und „privat", die Kategorien *Kapelle* und *Kultstätte* zu füllen. Den *Kapellen* rechnet er „die kultischen Installationen am Toreingang eines Stadttores" zu.[320] In der ganzen Studie kommt der Kult am Tor dann nur noch einmal in einer Anmerkung vor.[321]

Man fragt sich, ob der Kult am Tor, so wie er uns archäologisch und literarisch überliefert ist, mit der Kategorie *Kapelle*[322] hinreichend erfasst ist. Ist es zutreffend, dass es sich bei den Kultstätten am Tor um „öffentliche kultische Einrichtungen" handelt, sich dort aber nur „öffentlicher Privatkult" vollzieht, weil die Kapelle nicht „grösseren Volksmengen gleichzeitig für kultische Handlungen" dient? Woher weiss Zwickel, dass sich bei den Kulten am Tor nur „öffentlicher Privatkult" abspielte und kein kollektiver Kult, dem Priester oder Herrscher vorstanden? Die Archäologie kann uns hier schwer Antworten geben; wir müssen uns an die Überlieferung in den Texten halten, die kultische Handlungen am Tor erwähnen (s. unter 4.2., p. 74-86).

Die Schwierigkeiten, die Zwickel mit seinen teilweise rigiden, teilweise unscharfen Kategorien hat und die im Fall des „Kults am Tor" dazu führen, dass er unzureichend erfasst erscheint, kommen auch an anderer Stelle noch einmal zum Ausdruck. In seinem Artikel „Kulthöhe" im Neuen Bibel-Lexikon[323] subsumiert Zwickel den Kult am Tor neu unter die Kategorie *Kulthöhe*, die ja in seiner Studie über den Tempelkult zur umfassenderen der *Kultstätte* gehört und deren Kriterium es ist, dass es sich um öffentlich genutzte kultische Anlagen handelt. In dem Lexikonartikel bringt Zwickel dann auf einmal auch literarische Belege bei, die davon sprechen, dass an

---

gehörenden, ca. 330 m entfernten Anlage, die wohl mit gemeinschaftlichen Opfermahlzeiten in Verbindung stand); Arad (Strata XI-VIII, Jahwe-Tempel innerhalb einer Festung); Tell Abu Salima (Schicht G, assyrischer Tempel) (vgl. Zwickel 1994, 204-284).

[320] Zwickel 1994, 9.

[321] Siehe 197 Anm. 843.

[322] Der Begriff der *Kapelle* ist an sich schon problematisch gewählt. Zwickel schiebt bei seiner Definition ein, dass es sich, „ganz im Sinne unseres deutschen Sprachgebrauchs", um ein öffentliches Kultgebäude bzw. um eine öffentliche kultische Einrichtung gehandelt habe. Kapellen sind auch im deutschen Sprachgebrauch nicht immer öffentlich, z.B. wenn sie Teil eines Herrscherpalastes waren. Zum andern sind sie immer Gebäude und keine offenen Kultstätten. Den „Kult am Tor" als Kapelle zu bezeichnen, weckt so schiefe Assoziationen, zumal er ja auch ganz in die Kirchengeschichte gehört.

[323] 1995, 562-564.

solchen Stätten „das ganze Volk opferte und räucherte".[324] Hier hat er nun offenbar die in seiner Tempelkultstudie getroffene Einschränkung aufgegeben, dass es sich beim Kult am Tor nur um einen „öffentlichen Privatkult" gehandelt habe und dass dort keine „grössere Volksmengen" gleichzeitig kultische Handlungen vorgenommen hätten. Explizit wird jedoch auch hier nicht formuliert, wie sich der Kult am Tor in das Spektrum religiösen Handelns einordnen lässt.

Als Fazit dieser Analysen lässt sich feststellen, dass es im Falle des kultischen Handelns angebracht erscheint zu unterscheiden, ob zum Beispiel nur ein Einzelner an einem Ort kultisch handelt, ob dies gemeinschaftlich geschieht oder durch Priester und Herrscher vermittelt stellvertretend für ein Kollektiv. Und es ist dann eine weitere Frage, ob Kultstätten immer nur *eine* Form kultischen Handelns zuliessen oder ob es hier nicht auch mehrere Formen nebeneinander gab. Im Fall des Kults am Tor erscheint letzteres wahrscherinlicher, doch kann uns die Analyse der Texte, in denen der Kult am Tor erwähnt wird, hier erst genauer unterrichten.

Aus archäologischer Sicht kann man den „Kult am Tor" in Palästina/Israel der Eisenzeit als eine öffentliche Kultstätte am gesellschaftlich hoch privilegierten Ort des Tors ansehen. Diese Stätte kultischen Handelns war an einen *festen Ort* gebunden und mit dauerhaften Einrichtungen ausgestattet, die sowohl die Heiligkeit des Ortes repräsentierten (Stelen, Masseben, Altäre) als auch Einrichtungen für die kultischen Akte selbst aufwiesen (Depositbänke und -steine, Libationsbecken). Die Hauptformen dieses Kultes scheinen im Räucherkult, in der Libation und im Deponieren von Weihe- oder Opfergaben bestanden zu haben. In Zusammenhang mit zwei Kulten am Tor (Dan, Ḥorvat ʿUza) wurden auch Tierknochen gefunden, die die Frage aufwerfen, ob es hier auch zu rituellen Schlacht- und Brandopfern oder zu Opfermahlzeiten gekommen ist.

4.2. Literarische und ikonographische Belege

4.2.1. Polemik gegen Kult am Tor in der Hebräischen Bibel

2 Kön 23,8b: Diese Stelle steht im Anschluss an eine summarische Notiz des Inhalts, König Joschija hätte alle Höhen von Geba bis Beerscheba zerstört und lautet: „Er zerstörte die ‚Höhen' (*bmwt*) der Tore (*hšʿrjm*), die am

---

[324] Siehe 1 Kön 3,2f. 22,4. Auch in Jer. 44,17 und 21 ist die Rede von einer Volksmenge, die gemeinsam Opfer der „Himmelskönigin" „auf den Gassen" darbringen, wobei aber jeder Einzelne sich daran beteiligt.

Eingang zum Tor des Stadtobersten Josua auf der linken Seite dessen waren, der das Stadttor betrat." J.A. Emerton, der den Text vor kurzem eingehend diskutiert hat, kam zu folgenden Schlüssen:[325] Erstens sollte man mit der Peschitta den Singular „Höhe" lesen.[326] Das „Tor des Josua" ist wahrscheinlich identisch mit dem „Stadttor". Der Plural „Tore" bezieht sich wahrscheinlich auf ein äusseres und ein inneres Tor (2 Sam 18,24; archäologische Belege[327]) und der Ausdruck *bmt hš'rjm* mag sich so auf *eine* Kulteinrichtung bezogen haben, die zwischen den beiden Toren stand. Die Änderung von *h š'rjm* „Tore" in *h š'rjm* „Haarige, Bocksgeister"[328] lehnt Emerton mit Recht als willkürlich und unnötig ab. Da zusammen mit den „Höhen" wiederholt in einem Atemzug von Masseben die Rede ist (1 Kön 14,23; 2 Kön 18,4)[329] könnte die Höhe bei den Toren von 2 Kön 23,8 eine ähnliche Einrichtung gewesen sein, wie sie für Betsaida und Dan archäologisch bezeugt sind.[330]

Ez 8,3-5: Ein weiterer Text, der von einer kultischen Einrichtung bei einem Stadttor redet, ist die Vision in Ezechiel 8, 3 und 5[331]: „Und er (JHWH) streckte etwas wie eine Hand aus und fasste mich am Haupthaar, und ein Wind (oder Sturm, oder Geist) hob mich empor zwischen Erde und Himmel und brachte mich (in Gottesgesichten) nach Jerusalem zum Eingang des inneren[332] Tores, das nach Norden geht, dorthin, wo der Platz des Bildes

---

325 1994, 455-467.

326 Denkbar ist auch, den Plural beizubehalten und ihn analog zum Pl. „Baale" als abwertenden Plural zu verstehen.

327 Otto 1994, 372; vgl. 4.1.1 Dan.

328 So z.B. Gray 1977, 730; Würthwein 1984, 453; Otto 1994, 392 unter Berufung auf LXX[L]. Mit den „Bocksgeistern" sollten Wächtergenien gemeint sein, wie sie an hethitischen, assyrischen und nordsyrischen Toren belegt sind.

329 Emerton 1997, 121.

330 Yadin 1976, 5-17, wollte 2 Kön 23,8b auf einen archäologischen Befund am Tor des eisenzeitlichen Beerscheba beziehen. Das ist aus philologischen, archäologischen und sachlichen Gründen unmöglich, vgl. zuletzt Emerton 1994, 458-460.

331 Vs 4 wird in der Regel als späterer Zusatz ausgeschieden (vgl. z. B. Ackerman 1992, 40 Anm. 13).

332 Da die nähere Bestimmung „des inneren" im Codex Vaticanus der Septuaginta (und nicht einfach in der Septuaginta, wie Zimmerli sagt) und in einer altlateinischen Handschrift aus dem 5. Jh. fehlt und da die feminine Form *pnjmjt* zum maskulinen *ptḥ š'r ... hpwnh ṣpwnh* nicht passe, scheiden Zimmerli (1969, I 191f), Ackerman (1992, 39 Anm. 10), Pohlmann (1996, 123) und andere das Adjektiv aus. Der letztgenannte Grund ist kaum hinreichend. Das *t* in *hpnjmjt* ist wahrscheinlich ein Abschreibefehler, der korrigiert werden muss (Cornill 1886, 222). Auch in Ez 40,19 ist *š'r* von einem Adjektiv in femininer Form begleitet. Dort kor-

(*semæl*) der Eifersucht ist.[333] Er (JHWH) sagte zu mir: Mensch, richte dei-
ne Blicke nach Norden! Und ich richtete meine Blicke nach Norden, und
siehe, im Norden des Altartors war dieses Eifersuchtsbild beim Eingang."

Zum Ort der Kulteinrichtung: Belässt man in Vs 3 gegen die heute übliche
Exegese die Näherbestimmung „das innere" (und es gibt, wie gesagt, keinen triftigen Grund diese zu streichen), dann müssen wir mit einem doppelten Tor rechnen. W. Zwickel hat die komplexe Situationsangabe mit einem
archäologischen Befund in Beziehung zu bringen versucht. Er schreibt:
„Die von Avigad[334] freigelegte ‚geknickte' Mauer aus der Eisenzeit und
das vorgelagerte Vier(?)-Kammer-Tor passen sehr gut zur Beschreibung
der ersten Station in Ez 8,3-6. Da Ezechiel an den Eingang eines Tores
gebracht wird und von dort aus nach Norden schauen soll, wo er im Tor einen Altar erblickt, ist die Annahme eines doppelten Tores wahrscheinlich.[335] Ezechiel stand dann im inneren Tor und blickte auf das äussere Tor
mit dem Altar. Das Eiferbild, das in diesem Text ebenfalls erwähnt wird,
befand sich an dem inneren Tor, und zwar vermutlich an der linken Seite,
wenn man stadtauswärts blickt (vgl. 2 Kön 23,8). Basierend auf der
Rekonstruktion des Tores durch Avigad[336] hätte die gesamte Toranlage
dann folgendes Aussehen gehabt: **Abb. 106**."[337] Unsicher ist, ob es in der
Avigad-Mauer an der von Zwickel bezeichneten Stelle überhaupt ein inneres Tor gegeben hat. Das äussere ist aufgrund winziger Reste rekonstruiert. Die beiden Tore stammen nach Avigad aus verschiedenen Phasen. Ob
sie je zusammen existiert haben, ist ungewiss und noch ungewisser, ob sie
zur Zeit Ezechiels noch existierten. Ein weiteres Problem in Zwickels Re-

---

rigiert Zimmerli, aber scheidet nicht aus (1969, II 986f). Der Fehler kann umso
leichter unterlaufen, als das Geschlecht im Hebräischen nicht so fix ist wie im
Deutschen. In 2 Sam 17,9 ist *pt ḥ*, in Jes 14,31 *šᶜr* feminin aufgefasst. Man kann in
beiden Fällen Gründe anführen, warum es hier ausnahmsweise so sei (Albrecht
1896, 86). Sie ändern nichts am Faktum des im Hebräischen weniger fixen Ge-
schlechts (so auch Dijkstra 1996, 90 Anm. 21). Endlich ist Zwickels Argument
(1990, 239f mit Abb.), dass die Aufforderung an den zum Nordtor gebrachten
Propheten, nach Norden zu schauen, um beim Toreingang eine Kulteinrichtung zu
sehen, ein Doppeltor notwendig und damit ein „inneres" Tor sinnvoll macht.
[333] Zum Zusatz *hammaqnæh* vgl. die Ausführungen bei Zimmerli 1969, I 192;
Ackerman 1992, 40 Anm. 12.
[334] Avigad 1980, 31-60.
[335] Gelegentlich dachte man wegen dieser Doppelung daran, dass es sich um eine
literarisch auszuscheidende Zufügung handle; vgl. zuletzt Vogt 1981, 39.
[336] Avigad 1980, 50 Abb. 30.
[337] Zwickel 1990, 239f mit Abb.

konstruktion ist die Dissoziation von Kultbild (am inneren Tor) und Altar (beim äusseren). Ezechiel hatte kaum den von Zwickel benannten Sachverhalt im Auge. Doppelte Tore hat es aber gegeben (s. z. B. Dan Abb. 87 und 80), auch wenn die Avigad-Grabung kein solches zu Tage gebracht hat. Interessant ist, dass wir in 2 Kön 23,8b und in Ez 8,3 beide Male auf zwei Tore kommen, zwischen denen sich eine kultische Einrichtung befand. Da stellt sich die Frage, ob die beiden Traditionen nicht auf ein und denselben Sachverhalt zurückgehen. Das würde allerdings voraussetzen, dass die Zerstörung durch Joschija nicht stattfand oder wieder rückgängig gemacht wurde oder dass sie stattfand und Ezechiel Vergangenes visionär als Gegenwart sieht. Das alles ist möglich und weitere Erwägungen liessen sich anschliessen. So verweist etwa M. Dijkstra, der ausführlich für ein doppeltes Tor plädiert, zusätzlich zu den schon genannten Stellen auf Ez 40,44, wo es sich zwar um ein doppeltes Tor, aber um ein solches des Tempelbereichs handelt.[338]

Abgesehen von der Festlegung auf die Avigad-Mauer ist an Zwickels Rekonstruktion auch die Dissoziation von Altar und Kultbild[339] unwahrscheinlich. Sie ist, wie wir sehen werden, vom Text her nicht gefordert und von der Sache her unwahrscheinlich. Eine gute Parallele für die von Ez 8,3 und 5 anvisierte Situation ist die in Dan im 9./8. Jh. (vgl. 4.1.1., p. 47-53).

Sæmæl und *Altar*: C. Dohmen hat *sæmæl* als „beigestelltes Kultbild/Kultobjekt" definiert.[340] S. Schroer hat diese Definition durch ikonographisches Material zu festigen versucht und einen interessanten Vorschlag zur Ikonographie des Bildes (Muttertier, das ein Junges säugt) gemacht.[341] Der Beleg, ein Relief aus Chorsabad mit dem Tempel des Wettergottes in Muṣaṣir in Urartu, zeigt allerdings nicht ein Stadt-, sondern ein Tempeltor.[342] Phönizisch *sml* steht u.a. für rundplastische Votivstatuen aus Stein oder Bronze.[343] *Sml bˁl*[344] wird in Analogie zu dem punischen *pn bˁl* als Bezeichnung für eine weibliche Partnerin Baˁals verstanden. Das mag sein. Angesichts der Bedeutung „Bild, Abbild", die der Ausdruck an dieser Stelle hat, ist zu vermuten, dass eine reliefierte Stele, die wie die mit dem Mondemblem von Harran oder wie die Stele von Betsaida und ihre Parallelen auf ein dreidimensionales (Original-)Kultbild verweisen, der Bedeutung von *sæmæl* ebenfalls gerecht werden. Die griechische Übersetzung

---

[338] Dijkstra 1996, 90 Anm. 21.
[339] Vgl. auch Dijkstra 1996, 91.
[340] 1984, 263-266.
[341] 1987, 25-30.
[342] Schroer 1987, 511 Abb. 1.
[343] Donner/Röllig 1968, Nr. 43,2; vgl. Hoftijzer/Jongeling 1995, 792f.
[344] Donner/Röllig, 1968, Nr. 12,3f.

gibt *sæmæl* in Ez 8,3 mit ἡ στήλη wieder. Wir können uns somit aufgrund der ezechielischen Vision beim Eingang zum Nordtor von Jerusalem eine ähnliche Installation vorstellen, wie sie in Betsaida bestanden hat.

Zwickels Trennung von Altar und Kultstele basiert auf einer häufig vorgenommenen freihändigen Korrektur in V. 5. Der Artikel bei *mzbh* wird gestrichen und der Altar so mit dem Bild der Eifersucht verbunden. Gegen die naheliegende Übersetzung von *(l)š'r hmzbh* mit „Altartor" wird geltend gemacht, dass ein solches Tor sonst nicht bekannt sei und dass der Versteil, wenn er so verstanden werde, V. 3 gegenüber keine neuen Aspekte mehr bringe.[345] Beides ist nicht stichhaltig. Das erste Argument gehört zur schwachen Gattung der *argumenta e silentio*. J.A. Emerton hat im Zusammenhang mit dem „Tor des Stadtobersten Josua" in 2 Kön 23,8b mit Recht darauf hingewiesen, dass unsere Kenntnisse der Tore des vorexilischen Jerusalem sehr fragmentarisch sind und dass ein- und dasselbe Tor im Laufe der Zeit oder bei verschiedenen Bevölkerungsgruppen zur gleichen Zeit sehr wohl verschiedene Namen gehabt haben könne.[346] „Altartor" könnte es aufgrund des Altars geheissen haben, der beim Eifersuchtsbild anzunehmen ist, ohne dass Ezechiel davon redet. Da (das Eifersuchtsbild und) die Opferstätte sich auf der Innenseite des äusseren Tores befand, lagen sie dem inneren Tor gegenüber, das so nach ihr benannt werden konnte. Das zweite Argument, V. 5 bringe gegenüber V. 3, wenn man den vorliegenden Text lese, nichts Neues, stimmt nicht. Wir erfahren neu den Namen des Nordtores, und der V. präzisiert auch die Position des Kultgegenstands auf der Innenseite des äusseren Nordtors. Überdies wird festgehalten, dass der Prophet den Kultgegenstand sieht. Im ganzen Kapitel (und generell im Ezechielbuch) wird grosser Wert darauf gelegt, dass der Prophet die angekündigten Greuel auch tatsächlich gesehen hat, und am Schluss des Abschnitts vergewissert sich das Numen, das den Prophet begleitet, dessen jedesmal mit: „Hast du gesehen?" (V. 6, 12, 15 und 17). Der Prophet soll ja Zeuge der genannten Greuel werden. Das entscheidend Neue in V. 5 im Vergleich zu V. 3 ist so das „Erheben der Augen" und die damit gegebene Möglichkeit, das Gesehene zu bezeugen.

Der masoretische Text von Ez 8,3 und 5 ist so wie er steht, sinnvoll, das Gesagte ist vorstellbar und deckt sich mit archäologisch belegten Sachverhalten.[347]

---

[345] Ackerman 1992, 40f Anm. 14f
[346] Emerton 1994, 461f.
[347] Einen weiteren Hinweis auf eine Kultinstallation beim Tor oder innerhalb zweier Tore will Dijkstra 1996, 90 Anm. 23 auch in 1 Sam 12-14.18-19 und 25 finden, doch vermögen wir seiner Argumentation nicht zu folgen.

4.2.2. *Kult am Tor als Markierung der Grenze zwischen zwei Bereichen*

Nicht von kultischen Installationen beim Tor, sondern *am* Tor selbst, an den Türpfosten, am Türsturz oder an den Türflügeln redet Dtn 6,9. Diese Einrichtungen magisch oder religiös zu verstärken und zu sichern und mit Texten zu versehen, die den Übertritt vom Aussen- in den Innenbereich regeln, ist ein weitverbreiteter Brauch.[348] Er ist aber von kultischen Einrichtungen *beim* Tor zu unterscheiden.

Verrät die Hebräische Bibel auch etwas über den Sinn dieser kultischen Installationen, von deren Ablehnung in 2 Kön 23,8b und Ez 8,3.5 die Rede ist? Z. Herzog stellt in seiner Monographie über „Das Stadttor" folgende Vermutung an: „Allem Anschein nach entwickelte sich dieser Brauch (kultischer Installationen beim Tor) einerseits aus dem Gefühl der Gefahr beim Verlassen der befestigten Stadt und andererseits aus dem Gefühl der Erleichterung der Eintretenden. Diese Besorgnis und Dankaussage wurden sicher anhand von magischen Taten, Gebeten, Geschenkdarbietungen und Opferdarbringungen vor Göttern zum Ausdruck gebracht, um auch ihre Hilfe sicherzustellen und zu loben."[349] G.W. Ahlström hat im Zusammenhang von kultischen Einrichtungen am Tor auf **Psalm 121,8** hingewiesen.[350] Der Psalm scheint als Situation das Verlassen der Stadt vorauszusetzen, wenn der Besucher die öden Berge der Wüste Juda vor sich sieht und der Gedanke von ihm Besitz ergreift, wer ihn beim Durchqueren dieser toddrohenden Zone beschützen werde (Ps 121,1). Dem Fragenden wird versichert, dass der Wächter *Israels* nicht schlafe und auch *sein* Wächter sein werde (V. 2-5). Von der Sonne- und dem Mond, bzw. der Sonnen- und Mondgottheit, den beiden grossen Wanderern, die sonst als Beschützer in dieser Situation in Frage kamen[351], wird gesagt, dass sie nicht schaden würden (V. 6). Nach einer nochmaligen Zusage des Schutzes JHWHs (V. 7) wird dem Beter gewünscht: „JHWH behüte dein Hinausgehen (*ṣ'tk*) und dein Hineingehen (Heimkommen) (*bw'k*) jetzt und immer."[352]

Es wird in Zusammenhang mit Abb. 110 und 111 darauf hingewiesen werden (vgl. p. 84), dass besonders in den Gebieten westlich von Harran im 9.-7. Jh. der Mondgott eine ganz hervorragende Stellung als Schützer der Grenzen besass. Ein Stadttor war auch eine Grenze, wenn auch von anderer Art als eine Landesgrenze, die schwerer zu schützen war. Als Schützer ei-

---

[348] Keel 1981, 183-192; Otto 1994, 381 unten (Lit.).

[349] 1986, 164.

[350] 1984, 15 bzw. 129.

[351] Zur Verehrung von Sonne- und Mond in Juda vgl. Ez 8,16 und 2 Kön 23,11.

[352] Zu Ps 121 vgl. die Segenswünsche im Torraum von Kuntillet ʿAğrud (oben Abschnitt 4.1.2, p. 60f), wo solche als Teil von Briefpräskripten erscheinen.

nes Stadt-(oder Tempel-)tors erscheint der Mondgott auf Abb. 77. Die drei anikonischen Stelen können nebst vielem anderen (s. unten) auch als Markierung dieser Grenze verstanden werden. In Gen 31,51f sind ein Steinhügel bzw. eine Massebe Zeuge und Garant dafür, dass die Vertragspartner die so markierte Grenze nicht mit böser Absicht überschreiten werden. Eine Massebe für Jahwe an der Grenze Ägyptens bedeutet nach Jes 19,19, dass Ägypten Jahwe gehört.

4.2.3. Kult am Tor beim Aufbruch zu Feldzügen

Nicht von kultischen *Einrichtungen* „beim Tor" und nicht von einem friedlichen Ein- und Ausgehen, aber von einem kultisch-politischen *Geschehen* „beim Tor" und einem kriegerischen Auszug, redet ein weiterer Text der Hebräischen Bibel: 1 Kön 22. Die Erzählung berichtet anschaulich:

> „Der König von Israel und Joschafat, der König von Juda, sassen ein jeder auf seinem Thron in Waffen (G) auf dem freien Platz[353] am Eingang des Tores von Samaria. Alle Propheten waren vor ihnen in Trance. Zidkija, der Sohn Kenaanas, hatte für ihn (scil. den König)[354] eiserne Hörner gemacht[355] und sprach: So spricht Jahwe: Mit diesen wirst du Aram niederstossen (*tngḥ*), bis du es vernichtet hast! (Vers 12) Und alle Propheten weissagten ebenso, indem sie riefen: Ziehe hinauf nach Ramot-Gilead, und du wirst Erfolg haben; und Jahwe wird (es) in die Hand des Königs geben! (V. 10-12)."

Bei den eisernen Hörnern ist wohl an solche gedacht, die an einer Kappe befestigt sind und so getragen werden konnten. Solche Hörnerkappen oder

---

[353] Die griechische Übersetzung hat weder „mit Gewändern bekleidet" (*mlbšjm bgdjm*) noch das eventuell als Dittographie zu verstehende „auf einer Tenne" (*bgrn*) des hebr. Textes, sondern ἔνοπλοι „bewaffnet", was der Situation jedenfalls besser gerecht wird als das ergänzungsbedürftige „mit Gewändern bekleidet" und/oder das eher überflüssige, wenn nicht störende „auf einer Tenne". Zum Problem vgl. Gray 1977, 450, der das „in full panoply" der griech. Übersetzung dem „in uniform" des hebräischen Textes vorzieht und *bgrn* mit „in the open place" wiedergibt; vgl. dazu Gray 1953, 118-123.

[354] Zur Begründung, warum das *lw* auf den König und nicht auf den Propheten zu beziehen ist, vgl. Keel 1974, 132. Wenn man sich Zidkija als Träger der Stierhörnerkappe oder eventuell Stiermaske vorstellt, kann man auf Tonfigürchen aus Kition verweisen, die Kultpersonal vorstellen, die Stiermasken tragen; cf. Schroer 1987, 148f. mit Abb. 59.

[355] Eiserne Hörner sind nicht so einfach herzustellen. Das Plusquamperfekt ist sprachlich möglich und sachlich gefordert.

-helme sind vielfach belegt.[356] Sie verleihen dem Gott oder König, der sie trägt, Stierkräfte, verwandeln ihn sozusagen in einen Stier. Darauf verweist das Verbum *ngḥ* „niederstossen", das vor allem vom Stier verwendet wird und dank der Stierhörnerkappe sich auch beim König bewahrheiten wird.[357] Beim Spruch Zidkijas, der die symbolische Handlung deutet, denkt Gray an den Stammesspruch für Josef, dem hier neue Aktualität verliehen würde:

„Erstgeborener seines Stiers! Erhabenheit ist ihm eigen.
Seine Hörner sind Hörner des Wildstiers.
Mit ihnen stösst er Völker nieder (*jngḥ*),
die Enden der Erde insgesamt" (Dtn 33,17).[358]

Das ist durchaus möglich. Gleichzeitig aber ist möglich, dass in einem Feldzug gegen Aram der Feind hier mit seinen eigenen Waffen geschlagen werden soll und bei den Hörnern an die des Mondgottes gedacht ist, der ja im 1. Jt. auch in der Bibel gelegentlich recht aggressive Züge hat.[359] Von einer Kulthandlung mit negativen militärischen Folgen (symbolisches Zerbrechen eines Gefässes) an einem der Stadttore Jerusalems berichtet Jer 19,2 und 10-12 (vgl. Jer 17,19).

Eine gewisse Parallele hat die in 1 Kön 22 erzählte Versammlung am Tor, die den Feldzug gegen Aram vorbereitet, in einem Vorkommnis, das zwar nicht am Stadttor, sondern *ina qanni* URU.KASKAL „am Rand von Harran" stattfand.

qannu(m) II bedeutet „Saum, Grenze". Dass der Begriff sachlich dem von „Tor" nahe steht, zeigt ein Ausdruck wie *atê* (Torhüter) *ssa qa-an/a-ni*.[360] Das Vorkommnis wird in einem Brief des Haruspex Marduk-šumu-uṣur an Assurbanipal aus dem Jahre 667 dokumentiert, auf den Ch. Uehlinger aufmerksam gemacht hat:[361]

„ 10 Als der Vater des Königs, meines Herrn (d.h. Asarhaddon), nach Ägypten ging,

---

[356] Schachermeyr 1969, 451-458; Keel 1974, 127-132 mit den Abb. 59-61.
[357] Der Pharao hat sich durch das Umbinden eines Stierschwanzes in einen Stier verwandelt und wird häufig rein tauromorph beim Niederstossen und Niedertrampeln von Feinden dargestellt; vgl. Keel 1974, 129f und die Abb. 62-63; Keel 1997, Tell el-ʿAǧul Nr. 222.
[358] Zur Stelle vgl. Keel 1974, 126f.
[359] Vgl. den schon genannten Ps 121,6 und die oft missverstandene Stelle Hos 5,7; cf. Keel 1998, Part II, chapter VI,2.
[360] Von Soden 1966, 897.
[361] Uehlinger 1997, 316f. Der akkadische Text mit englischer Übersetzung findet sich in Parpola 1993, Nr. 174. Die hier vorgelegte deutsche Übersetzung stammt von Uehlinger.

11 wurde am Rand von Harran ein Zedernheiligtum gebaut.
12 Sîn ‚hockte' (*kammus*) auf einer Stange (^{giš}ŠIBIR), zwei Kronen auf seinem Haupt,
13 und Nusku stand vor ihm. Der Vater des Königs meines Herrn trat ein,
14 setzte [die Krone?] auf (sein) Haupt (und es wurde ihm gesagt): ‚Du wirst gehen und damit die Länder erobern.'
15 [So gi]ng er und eroberte Ägypten. Den Rest der Länder,
16 [die] sich Assssur und Sîn noch nicht unterworfen haben, wird der König, der Herr der Könige, erobern."

Parallelen zu 1 Kön 22 sind evident. Vor der Stadt, wo eine grosse Versammlung möglich ist und so der Propagandaeffekt gewahrt bleibt, empfängt der König in einem kultischen Akt eine Kopfbedeckung, die ihm den Sieg über seine Feinde garantiert. Im Falle Asarhaddons ist von der Errichtung eines temporären Heiligtums die Rede, dessen wesentlicher Bestandteil das Emblem des Mondgottes von Harran ist.[362] Falls Abb. 77 nicht den Tempel sondern die Stadt Harran zeigt, hätten zwei Embleme des Herrn von Harran den Eingang der Stadt flankiert. In 1 Kön 22 verlautet weder etwas von einem temporären noch von einem ständigen Heiligtum oder Emblem beim Stadttor von Samaria. Vielleicht schien es dem Erzähler nicht notwendig so etwas zu erwähnen, da es selbstverständlich war, denn vielleicht war ein Akt wie der geschilderte ohne die Präsenz eines Gottessymbols überhaupt nicht denkbar.[363]

4.2.4. Kult am Tor im Zusammenhang mit Rechtsgeschäften

Nebst dem Schutz des Stadtbereichs, dem Segen beim Verlassen des geschützten Stadtbereichs zu friedlichen Reisen oder dem Lobpreis bei der Rückkehr[364] und nebst der Siegeszusage beim Aufbruch zu Kriegszügen wäre denkbar, dass kultische Einrichtungen am Tor vor allem der göttlichen Absegnung der dort stattfindenden Rechtsgeschäfte gedient hätten. Das „Tor" als Ort zivilrechtlicher Vorgänge ist in der Hebräischen Bibel vielfältig bezeugt (vgl. z.B. Gen 23,10; 34,20-24; Dtn 17,5; 21,19; 22,15.24; 25,7; Rut 4; Jes 29,21; Amos 5,10 usw.) und hat seine Ursprünge in der kanaanäischen Ortsgerichtsbarkeit.[365] Wir erfahren aber, soweit wir sehen,

---

[362] Vgl. dazu Uehlinger 1997, 317 Anm. 90.
[363] Zu Königen am Tor vgl. weiter Otto 1994, 396.
[364] Im Hebräischen (*brk*), Griechischen (εὐλογέω) und Lateinischen (benedicere) wird für Segnen und Lobpreisen das gleiche Wort verwendet.
[365] Herzog 1986, 163f; Otto 1994, 374-376, bes. aber 396-401 und hier bes. 397.

nichts darüber, dass in diesem Zusammenhang kultische Einrichtungen eine Rolle gespielt hätten.

Einen Hinweis auf eine kultische Einrichtung (nicht bei einem Stadttor sondern an einem Palasteingang), die im Zusammenhang mit Rechtspraxis gestanden haben könnte, gibt uns ein Orthostatenrelief aus Sam᾽al (Zincirli), das um 730 entstanden sein dürfte. Während im Kodex Eschnunna und im Kodex Hammurapi die Rechtsbehörde als „das Tor" bzw. „sein Tor" bezeichnet werden kann[366], kann in den mittelassyrischen Gesetzen von der Rechtsbehörde als vom „Eingang des Palastes" die Rede sein.[367] Im Nordwesten der Burganlage von Zincirli (**Abb. 107a**)[368] finden sich zwei Gebäudekomplexe, von denen der südliche durch zwei Hallenbauten, einen südlichen und einen nördlichen, charakterisiert wird. Der nördliche hat an seinem Ostende einen Bauteil[369], der gelegentlich als Hilāni IV bezeichnet wurde. Joachim Voos hat die Relieforthostaten-Verkleidung des Eingangs in hervorragender Weise rekonstruiert (**Abb. 107b**)[370]. Diese sind, besonders auf der linken Seite, nur zum Teil und zum Teil nur in winzigen Bruchstücken erhalten (**Abb. 108a** und **108b**).[371] Rechts ist der bekannte Orthostat des Barrakib mit seinem Schreiber (**Abb. 109**).[372] Rechts vom Kopf des Fürsten steht: ᾽nh brrkb br pnm[w] „Ich bin Barrakib, der Sohn des Panamu[wa]" und neben dem Emblem des Mondgottes von Harran: mr᾽j bᶜlhrn „Mein Herr, der Baᶜal von Harran".[373] Ursula Seidl hat in einem brillanten Vortrag überzeugend als doppelte Selbstdarstellung des Fürsten gedeutet.[374] Auf der linken Seite (Abb. 108a-b) stellt sich der Fürst als gemütlicher Landesherr und Gastgeber dar, der in Anwesenheit seiner Grossen trinkt und sich von einem ungewöhnlich gros-

---

[366] Haase 1963, 16 § 54 und 56, 53 § 251; Borger et al. 1982, 38 § 54 und 56, 72 § 251 übresetzt „die Behörde" bzw. „seine Behörde".

[367] Borger et al. 1982, 88 § 40,71.79.91.97 usw.

[368] Busink 1970, 539 Abb. 157 nach Andrae/von Luschan 1911, Abb. 175.

[369] Busink 1970, 546 Abb. 163.

[370] Voos 1985, 83 Abb. 13.

[371] Voos 1985, 83 Abb 14 und 85 Abb. 15.

[372] Keel 1994, 144 mit Abb. 11 und Lit. Eine sehr gute Farbaufnahme bei Jakob-Rost et al. 1992, 228 Abb. 171.

[373] Zu Text und Übersetzung vgl. Donner/Röllig 1962, 40 Nr. 218 und Donner/Röllig 1964, 236f Nr. 218.

[374] Sie hat den Vortrag im Rahmen des Symposions „Images as Mass Media" am 26. Nov. 1997 in Freiburg/Schweiz gehalten. Er soll in einem OBO Band mit dem Titel „Images as Media and Sources for the Cultural and Religious History of the Eastern Mediterranean and the Near East (Ist Millenium BCE)" hg. von Ch. Uehlinger publiziert werden.

sen Orchester unterhalten lässt.[375] Das Orchester nimmt die Eingangsfront ein, Barrakib als Gastgeber die Laibung, das Gefolge die Eingangsinnenseite. Auf der rechten Seite präsentiert sich Barrakib an der Laibung auf einem Thron, der mit zwei Stierköpfen dekoriert ist, unter dem Emblem des Mondgottes von Harran und in Gegenwart seines Oberschreibers als zuverlässiger Rechtspartner. Die Reliefs der rechten Eingangsfront sind verloren. Auf der Eingangsinnenseite war kein Platz für Reliefs.

Im eigentlichen Zweistromland wurde der Aspekt des Rechtsgaranten beim Mondgott nur gelegentlich entwickelt. In Lugalbanda I (*Lugalbanda ḫurrum*) wird in den Zeilen 213-223 der Mondgott als Richter gefeiert: Der Abschnitt beginnt mit den Worten:

> „Lord/Suen, you whom no one can approach in the remote heavens,
> lord/Suen, who loves righteousness, who hates evil...“

Hall kommentiert den Abschnitt wie folgt: „The role of supreme judge is usually assumed by Enlil in Sumerian contexts, but instances have already been noted in which Nanna/Suen also carries out this function. The role of judge was probably attributed to the moon-god for the same reason it was conferred upon Utu/Šamaš: both gods, as the major luminaries of night and day respectively, were thought of as all-seeing, casting their light into every dark corner, and hence able to see and rightly judge every good and evil.“[376]

Im Westen hat der Mondgott von Harran eine ganz hervorragende Position als Garant und Wahrer des Rechts erlangt. Die mit seinem Emblem versehenen Grenzsteine bezeugen ihn als solchen[377], dort wo nur sein Emblem auf den Stelen erscheint (**Abb. 110**)[378] und dort wo dieses von den zwei Vertragspartnern flankiert ist (**Abb. 111**).[379] Mit seinem Emblem ist eine Urkunde aus Geser (**Abb. 112**)[380], eine Bulle aus Jerusalem (**Abb. 113**)[381] und eine aus Ḥorvat ʿUza im nördlichen Negev (**Abb. 114**)[382] gesiegelt.

---

[375] Angesichts der Gegenwart seines Feldherrn rechts aussen und von Tributträgern (?) links aussen wäre allerdings auch denkbar, dass es sich um eine Siegesfeier handelt.

[376] Hall 1985, 530 und 532f.

[377] Keel 1994, 146f.

[378] Kohlmeyer 1992, 91-94 und Taf. 38,1; Keel 1994, 140 Nr. 5 mit Abb. 5.

[379] Börker-Klähn 1982, Nr. 244; Kohlmeyer 1992, 98f; Keel 1994, 141 Nr. 8 mit Abb. 8.

[380] Macalister 1912, I 27-29 und Frontispiz Fig. 3; Becking 1983, 86-89; Reich/Brandl 1985, 48 Nr. 3.

[381] Keel/Uehlinger ⁴1998, 343 Abb. 297a; Keel 1994, 155 mit Abb. 36.

[382] Beck 1986, 40f; Keel 1994, 155 mit Abb. 37.

4.2.5. Memorialstelen und Ahnenkult am Tor

Mit den bisher aus textlichen und ikonographischen Zeugnissen erhobenen Funktionen eines Heiligtums (des Mondgottes) am Tor dürfte vor allem die ikonische Stele auf dem Podium betraut gewesen sein. Welche Funktion oder Funktionen kamen den drei anikonischen Stelen in der Umgebung der ikonischen Stele zu? Die Frage ist nicht mit Sicherheit zu beantworten. Wahrscheinlich ist, dass den auf ebener Erde stehenden anikonischen Stelen ein geringerer Rang zukam. Während die ikonische Stele als Vergegenwärtigung einer Gottheit zu verstehen sein dürfte, könnten die anikonischen lebende oder tote Menschen, am ehesten lokale Herrscher repräsentieren.[383] Es ist zwischen Grabsteinen bzw. -stelen und Memorialstelen zu unterscheiden, wobei letztere, wenn der Geehrte tot war, auch Ort der Totenehrung werden konnten. Eine eigentliche Grabstele ist die Massebe, die Jakob über dem Grab Rahels aufrichtet und von der in Gen 35,20 gesagt wird, dies sei die Grabstele Rahels bis auf diesen Tag (היא מצבת קברת־רחל עד־היום). Eine solche Stele konnte im Sinne der Gedächtnissicherung schon zu Lebzeiten des Begünstigten von ihm selber aufgestellt werden, wie eine phönizische Inschrift aus dem 3. Jh. v. Chr. aus Kition (Zypern) zeigt: „Ich, Abdosir, Sohn des Abd-SSM, des Sohnes Ḥors, habe eine Stele (mṣbt) noch zu meinen Lebzeiten (lmbḥjj) aufgerichtet über meiner ewigen Ruhestätte – auch für meine Frau Amot-Aštart, die Tochter T'Ms, des Sohnes Abd(i)-Milks."[384] Grab- und Memorialstele fallen da mehr oder weniger zusammen.

Primär eine Memorialstele hingegen ist die in 2 Sam 18,18 erwähnte Stele von der es heisst: „Abschalom hatte sich schon zu Lebzeiten (בחיו) den Gedenkstein (מצבת), der jetzt im Königstal steht, herbeischaffen und für sich aufstellen lassen; denn er sagte sich: Ich habe keinen Sohn, der meinen Namen im Gedächtnis (der Menschen) halten würde. Er benannte den Stein nach seinem Namen; deshalb heisst er bis zum heutigen Tag ‚Abschaloms Hand‘ (יד אבשלם)." Die berühmtesten Memorialstelen dieser Art finden sich in Assur, wo 100 m nordöstlich vom Südtor, zwischen dem inneren und einem äusseren Befestigungsring zwei Reihen von Stelen aufgestellt worden sind (**Abb. 115**).[385] Die beiden Reihen gehen nach Westen hin aufeinander zu. Die nördliche Reihe besteht aus den bis ca. 3,5 m hohen Stelen von Königen, die südliche aus den in der Regel kleineren Stelen hoher Beamter.

---

[383] Zur Unterscheidung zwischen Stelen im Kult von Gottheiten (baityloi) und Memorialstelen, denen im Laufe der Zeit natürlich auch ein Kult zuteil werden konnte vgl. Hutter 1993, 103-106; Mettinger 1995, 32f.

[384] Donner/Röllig [2]1966, Nr. 35; Müller 1988, 600f; vgl. Hutter 1993, 104f.

[385] Andrae [2]1977, 81 Abb. 58, Text: 145-151; Canby 1976.

Die Stelen wurden zwischen dem 14. und dem 7. Jh. v. Chr. von Osten nach Westen hin aufgestellt. Die jüngste stammt von Aschurscharrat, der „Palastfrau" Assurbanipals. Diese Stele trägt ihr Bild.[386] Einige Stelen sind ohne Bild und Inschrift. Die allermeisten tragen nur eine Inschrift. „Nicht weit vom oberen Ende ist an der Vorderseite eine vertiefte Fläche eingemeisselt, auf der die Inschrift steht... Der Inhalt der Inschriften ist äusserst karg, nichts als der Name, bei den Königen noch die Genealogie, bei den Beamten die Angabe ihrer Beamtenfunktionen. Die Königsinschriften beginnen mit dem Wort ṣalam = Bild. Man sah also in der Stele das ‚Bild‘ des Königs, von dem ja eigentlich nur der Name anwesend war."[387] Da in Betsaida die drei anikonischen Stelen offensichtlich nicht mit Gräbern verbunden waren, sind sie als Memorialstelen zu betrachten. Da mindestens zwei von ihnen in Sichtkontakt mit der Kultstele waren, haben sie vielleicht auch im Sinne von Beter- und Beterinnnenfiguren die Stifter oder Stifterinnen in dauerndem Kontakt mit der Gottheit gebracht. Besonders nach dem Ableben derer, deren ꜥalam die Stele war, konnte man sich vorstellen, dass sie dank ihrer „Bilder" auch an den Libationen und Räucheropfern für die Kultstele teilhatten. J. Voos interpretiert die nordsyrisch-südostanatolischen Orthostaten mit Speiseszenen bei den Toranlagen von Karatepe (Südtor; **Abb. 116a-b**)[388], Karkemisch (Wassertor; **Abb. 117**)[389] und Zincirli (südliches Stadttor[390]; vgl. auch unsere Abb. 108-109) als Belege für Ahnenkult am Tor.[391] Ein Grund dafür ist, dass Stelen mit praktisch identischen Szenen auf eigentlichen Grabstelen gefunden worden sind.[392] Ein zweiter ist die Bitte Panammuwas I. von Zincirli, der in seiner Inschrift auf einer HadadStatue jedem Segen wünscht, der spricht: „Möge die Seele (*nbš*) des Panammuwa mit dir (Hadad) [es]sen, und möge die [S]eele des Panammuwa mit dir trin[ken]."[393] Die „Seele" des Pannamuwa sollte also Anteil an den Opfern haben, die vor der Statue des Gottes dargebracht wurden.

---

[386] Andrae [2] 1977, 83 Abb. 59.

[387] Andrae [2] 1977, 146 und 149.

[388] Orthmann 1971, 495 Plan 3 und Taf. 18 Karatepe B/1 und B/2; Akurgal 1961, Taf. 142f.

[389] Woolley 1921, 112f und Pl. B.30b.

[390] Orthmann 1971, Taf. 56 Zincirli A/6.

[391] Voos 1983 und 1988.

[392] Vgl. z.B. Orthmann 1971, Taf. 66 Zincirli K/2; Akurgal 1961, Taf. 130.

[393] Donner/Röllig 1962, Nr. 214,17; Donner/Röllig 1964, Nr. 214,17; zu den Inschriften von Zincirli vgl. auch Tropper 1993.

5. Zusammenfassung und Schlussfolgerungen

Das „Bethsaida Excavations Project" galt eigentlich der römisch-hellenistischen Siedlung, es fand aber auch eine bedeutende eisenzeitliche Stadt (s. Vorwort, p. VII). In Areal A, an der Südostseite des Tells wurde eine grosse eisenzeitliche Toranlage gefunden (Abb. 2). Anfangs Juni 1997 kam rechts vom Toreingang eine 1,15 m hohe ikonische Stele zum Vorschein (Abb. 1b-e), die zerbrochen (Abb. 1a) über einem Bassin (Abb. 4) lag, das sich auf einem fast 1 m hohen Podium mit zwei Stufen befand (Abb. 2-3.10). In dem Bassin lagen drei zerbrochene Räuchertassen (Abb. 9). Links vom Podium zu ebener Erde stand eine 1,24 m hohe anikonische Stele (Abb. 3.5-6). Eine zweite, nicht vollständig erhaltene, noch 0,92 m hohe anikonische Stele stand ca. 7 m nordöstlich der ikonischen und eine dritte 1,12 m hohe fand sich auf der Innenseite des Torbaus (Abb. 2 und 8). Zum ersten Mal ist hier in Palästina/Israel eine komplette Kulteinrichtung am Stadttor, eine Tor-Höhe (*bamah*), gefunden worden, wie sie zeitgenössische Texte erwähnen (2 Kön 23,8b; Ez 8,3-5). Die Fundzusammenhänge weisen darauf hin, dass die Anlage gegen Ende des 8. Jhs. v. Chr. zerstört worden ist. Sie kann schon im 9., frühestens im 10. Jh. entstanden sein.

Das Relief auf der Stele (Abb. 1b-e), das unbeholfen und archaisch anmutet und auf den ersten Blick gern als stierköpfiger Krieger oder als Stier gedeutet wird, der sich auf den Hinterbeinen aufrichtet (vgl. Abb. 74b), hat vorerst Befremden ausgelöst. Mancher Archäologe und manche Archäologin meinten, das Motiv sei völlig unbekannt und einmalig und müsse ein lokales Phänomen darstellen.

Das trifft aber nicht zu. Schon 1938 sind zwei Stelen mit nahezu identischer Ikonographie aus dem Hauran veröffentlicht worden (Abb. 11-12). Eine davon befindet sich im Nationalmuseum in Damaskus (Abb. 11). Das erinnert daran, dass Betsaida historisch eigentlich nicht zu Palästina/Israel gehört, sondern bis 1967 Teil des syrischen Golan und in der Eisenzeit Teil des aramäischen Königtums Geschur (2 Sam 15,8) bzw. Damaskus war.[394] Wir dürften es also mit einem Relikt aramäischer Ikonographie zu tun haben. Allerdings waren schematische Elemente, wie sie die Betsaida- und die beiden Hauran-Stelen charakterisieren, in der syrischen Ikonographie im allgemeinen und in der aramäischen im speziellen bisher nicht aufgefallen.[395]

Die beiden Hauran-Stelen sind im Gegensatz zur Betsaida-Stele nicht *in situ* gefunden worden. So wurden sie anfänglich in römische Zeit datiert. Stilistische Analysen haben allerdings schon lange vor Entdeckung der stra-

---

[394] Arav/Bernett 1997, 202. Dion 1997, 81-84.180.207-208.
[395] Frankfort 1969, 164-201; Orthmann 1971; Matthiae 1975.

tifizierten Betsaida-Stele dazu geführt, diesen Stelentyp ins 9./8. Jh. zu datieren (Galling 1953). Die Deutungen des Bildes als Stier, der sich auf den Hinterbeinen aufrichtet (vgl. Abb. 74b) bzw. als anthropomorphe Gestalt mit Stierkopf, die am Anfang die Diskussion beherrschten, werden bis heute immer wieder vorgebracht (Misch-Brandl 1997; Arav/Freund 1998). Sie scheitern an zwei Details: *Erstens* am Mittelpfosten, der das Ganze trägt. Die Deutung seines unteren Endes als Phallus, als (unnatürlich) verlängerter Rumpf, als Thron usw. hat ausser den jeweiligen Autoren niemanden überzeugt. Selbst ausserordentlich stark schematisierte Menschenfiguren stehen durchwegs auf zwei Beinen und nie auf einem Mittelpfosten (vgl. Abb. 72-74a). *Zweitens* an der Undifferenziertheit der „Extremitäten". Diese wurden bald als Stierfüsse, bald als Menschenarme und -füsse, bald als Flügel und Füsse gedeutet. Ihre Undifferenziertheit macht solche Deutungen willkürlich.

1959 hat Seyrig ein Bronzekästchen publiziert (Abb. 14), auf dem zweimal ein Gebilde zu sehen ist, das aus einem einfachen bzw. einem Doppelpfosten besteht, von dem zwei bzw. vier Balken symmetrisch schräg nach unten weggehen und auf dem oben ein Stierkopf sitzt (Abb. 14b und c). Neben dem Stierkopf ist ein viergeteiltes ,Rad' bzw. eine viergeteilte Scheibe zu sehen, die an die vierteilige ,Rosette' auf den Hauran-Stelen erinnert. Seither hätte eigentlich klar sein müssen, dass das Bild auf der Betsaida-Stele aus figurativen und nicht-figurativen Elementen zusammengesetzt ist. Das Kästchen wurde vorerst wie die Hauran-Stelen auch in die römische Zeit datiert. Erst U. Seidl und M. Krebernik (1997) haben es zu Recht der Eisenzeit zugewiesen und erkannt, dass der Bildtyp der Hauran-Stelen aus figurativen und nicht-figurativen Elementen komponiert ist. Diese Einsicht hat ihnen zusätzlich zu den Gebilden auf dem Bronzekästchen eine Stele im Museum von Gaziantep (Südosttürkei) erleichtert. Sie ist schon 1982 von J. Börker-Klähn ins Gespräch gebracht, aber erst 1997 von Krebernik/Seidl publiziert worden (Abb. 13).

Die Gebilde auf dem Bronzekästchen (Abb. 14b und c) und die Ikonographie der Gaziantep-Stele lassen deutlich erkennen, dass die auf der Betsaida- und den Hauran-Stelen gebogenen und deshalb oft als menschliche oder tierische Extremitäten gedeuteten Balken, das auf diesen hinzugefügte Schwert, das auf dem Bronzekästchen und der Gaziantep-Stele nicht zu finden ist, sowie die Ohrringe auf Abb. 11 Elemente einer nicht konsequent durchgeführten Anthropomorphisierung der südostanatolisch-nordsyrischen Komposition sind, die aus figurativen und nicht-figurativen Elementen zusammengesetzt ist. Krebernik/Seidl haben auch auf zwei nordsyrische Belege hingewiesen, die ein ,Gestell' ohne Stierkopf zeigen neben dem aber vier ‚Kugeln' zu sehen sind (Abb. 15-16). Diese bilden anscheinend ein konstitutives Element, das schon bei dieser knappsten Form vorhanden ist. Die Probleme, die sich bei der Interpretation der Ikonographie der Betsaida- und der Hauran-Stelen stellen, sind vor allem (1) die Frage nach Ursprung und Bedeutung der Kombination figurativer und nicht-figurativer Elemente, (2) die nach dem Sinn der vier Kugeln, (3) der Identität der dargestellten Gottheit und (4) dem Grund für die Anthropomorphisierung des ursprünglich aus nicht-figurativen und figurativen Elementen komponierten Darstellung in Südsyrien.

(1) Zum Problem der Kombination nicht-figurativer und figurativer Elemente haben Krebernik/Seidl sehr summarisch auf Darstellungen eines Kultsymbols auf altanatolisch-altsyrischen Rollsiegeln (ca. 1850-1650) hingewiesen (Abb. 17-23). Dieses Kultsymbol soll nach H. Seyrig (1960) und P. Matthiae (1993) mit dem berühmten Semeion von Hierapolis identisch gewesen sein. Aber weder die Beschreibung bei Lukian noch bildliche Darstellungen (Abb. 25-26) scheinen diese Annahme zu rechtfertigen. Näher an der nordsyrischen Komposition ist die Darstellung auf dem altsyrischen Siegel von Abb. 27. Allerdings ist auch sie durch Jahrhunderte von unseren Stelen getrennt.

Die Kombination figurativer und nicht-figurativer Elemente findet sich häufig in der ägyptischen Kunst. Sie wurde dort durch das System der Hieroglyphenschrift ermöglicht und gefördert.[396] Zwischen 1250 und 700 v. Chr. existierte auch in Südostanatolien und Nordsyrien eine der ägyptischen ähnliche Hieroglyphenschrift. Diese hieroglyphen-luwische Schrift kennt ein Zeichen (Nr. 268), das vielleicht auf einen Meissel zurückgeht, aber wie ein Pfosten mit zwei symmetrisch von der Spitze schräg nach unten gerichteten Balken aussieht (Abb. 28-29) und „Skulptur, Denkmal" u.ä. bedeutet. Der Pfosten, der mit zwei symmetrisch nach abwärts gerichteten Balken versehen ist (vgl. Abb. 14c) könnte so „Skulptur, Denkmal" oder ähnlich gelesen worden sein. In der nordsyrischen Glyptik des 9./8. Jh. krönt diese Art ‚Gestell' mehrmals eine variierende Anzahl von Kugeln, die als Darstellung von Sternen zu verstehen sind (Abb. 30-32.37). Ein Problem bleiben die *vier* Balken des ‚Gestells', die von der luwischen Hieroglyphe Nr. 268 her nicht erklärt werden können.

(2) Die vier Kugeln, die meistens als ‚Rosette' auf allen, auch den rudimentärsten Varianten der Komposition der Betsaida-Stele erscheinen, sind auf einer Reihe von Belegen mit dem Neumondemblem von Harran kombiniert (Abb. 33-35). Statt vier Kugeln können auch vier Striche das Zeichen für Neumond begleiten (Abb. 39-40). Nicht selten erscheint der Vollmond als

---

[396] Wilkinson 1992.

viergeteilte Scheibe (Abb. 48.52-53.63 und bes. 41). Es liegt nahe, die verschiedenen Darstellungen des Elements ‚Vier' auf die vier Teile oder Phasen des Mondes zu beziehen, die in der assyro-aramäischen Astrologie eine ganz wichtige Rolle spielten. Ob als Rosette, als Reihe von vier Kugeln oder als vier Striche, scheint die ‚Hieroglyphe' die vier Teile des Mondes und seine Wandlungen anzudeuten, die im 8./7. Jh. den ganzen Nahen Osten faszinierten[397] und im jüdischen Neumondfest und ähnlichen Riten in der arabischen Welt bis heute weiter leben.[398] Vielleicht sind auch die vier Balken des ‚Gestells' von diesem Phänomen her zu erklären. Sie könnten in seiner ursprünglich wohl dreidimensionalen Form in vier Richtungen gezeigt und den Einfluss des Neumonds auf die vier Weltregionen symbolisiert haben (vgl. Abb. 14d). Ob die gebogenen Balken der anthropomorphisierten Form mit dem Himmelsgewölbe assoziiert wurden[399], lässt sich mangels syrischer Parallelen (vgl. allerdings Abb. 45) nicht entscheiden.

(3) Der deutliche Hinweis des Elements ‚Vier' auf die Mondikonographie wurde bei der Deutung der seit längerem bekannten Parallelen zur Betsaida-Stele bisher übersehen oder bagatellisiert. Der Hauptgrund dafür war der Stierkopf. Alle Deutungen der Monumente vom ikonographischen Typ der Betsaida-Stele wurden ausser von Krebernik/Seidl ohne Zögern auf den syrischen Wettergott (Hadad, Baʿal) gedeutet und das aufgrund des Stierkopfs. Nun ist der Wettergott tatsächlich seit Beginn des 2. Jt. in Syrien und bes. in altbyblonischer und neuassyrischer Zeit auch in Mesopotamien auf dem Stier stehend dargestellt worden. Darob wurde aber übersehen, dass bes. der Neumond in sumerischen und akkadischen Hymnen seit dem 3. Jt. immer wieder als „Herr der Hörner", als „gehörnter Stier" und als „starkes Kalb des Anu (Himmelsherrn)" gefeiert wird. Im Mythos G e m e S u e n a „Magd des Sin" erscheint der Mondgott als Stier. Im aramäisch

---

[397] Interessant ist, dass in Ägypten während der 22.-25. Dyn. (945-656 v. Chr.), besonders gegen Ende dieser Periode, das Mondsymbol des Udjat-Auges in einer vierfachen Variante populär wurde (Müller-Winkler 1987, 45f.146-149). In Palästina/Israel wurden diese speziell in Schichten der EZ IIC (7. Jh.) gefunden (Herrmann 1994, 704-709, bes. 704 Nr. 1088 aus Aschkelon, Ende 8. Jh. = **Abb. 118**).
[398] Keel 1998, Part II, Chapter VI. Im 7. Jh. lässt sich auch in Ägypten eine wachsende Beliebtheit des Mondkultes feststellen. Skarabäen mit dem Namen des Mondgottes Chons sind nun weit verbreitet (Keel 1997, Achsib Nr. 4, Aschkelon Nr. 32 und 98 mit Parr. = **Abb. 119a-c**). Auch Lunarisierung lässt sich feststellen. So erscheinen während der 26. Dyn. (664-525 v. Chr.) Gottheiten wie Harpokrates oder Osiris mit Mondsichel und -scheibe auf dem Kopf (Roeder 1956, Taf. 18i = **Abb. 120**, 29b-e = **Abb. 121**).
[399] In Ägypten kann der Himmel als Frau oder Flügelpaar dargestellt werden, die sich sternenübersät über die Erde wölben (Keel [5]1996, 30 Abb. 33).

sprechenden Palmyra heisst der Mondgott schlicht ʿAglibol „Stier des (Himmels) Herrn". Schon in frühdynastischer Zeit (Mitte 3. Jt.) steht die Mondstandarte auf einem Gestell mit Stierfüssen (Abb. 42-43). In der altsyrischen Ikonographie (erstes Drittel 2. Jt.) wird dem Mondgott ein Stier beigesellt (Abb. 44-45). Ein Stierkopf wird dem Mond oder Mondemblem assoziiert (Abb. 48-50). In der zeitgenössischen altbabylonischen Glyptik steht er auf zwei Stieren (Abb. 46-47). Die Fragmente einer Basaltstatue aus Hazor aus der Mitte des 2. Jt. (Abb. 52) zeigen einen Gott auf einem Stier, der aufgrund des Mondemblems auf der Brust als Mond- oder als lunarisierter Wettergott anzusprechen ist. Vom 13. Jh. an wurde in der anatolisch-nordsyrischen Glyptik bald ein Stierkopf, bald ein ganzer Stier mit dem Mond (Sichel- und Vollmond) assoziiert (Abb. 54-57.59-61). Auf dem Bronzekästchen von Abb. 59 scheinen nicht nur der Stierkopf, sondern auch alle anderen Symbole, selbst die Schlange (vgl. Abb. 62-63. 66), auf den Mond bezogen zu sein. Evtl. ist auch das Sternbild Taurus als Stierkopf dargestellt und in bes. engen Zusammenhang mit dem Mond gebracht worden (Abb. 64).

Auf einem späthetitisch-spätluwischen Relief aus Karkemisch (Abb. 58) erscheint der Mond- dem Sonnengott vorgeordnet. Diese hervorragende Position des Mondgottes lässt sich in der Eisenzeit auch sonst beobachten und ist dann besonders für Palmyra typisch, das nicht nur die aramäische Sprache, sondern auch sonst viel aramäisches Kulturgut in die hellenistische Zeit hinein bewahrt hat. Während der Sonnengott Malakbel in scheuer Zurückhaltung als Landmann dargestellt ist, erscheint der Mondgott als Krieger (Abb. 65). Neben der Mondsichel, die ihn identifiziert, umgibt ein Strahlennimbus sein Haupt (Abb. 66). Interessant ist, dass in Palmyra der Sichelmond nicht nur mit dem Stier (Abb. 67-69), sondern auch mit dem Stierkopf eng verbunden ist (Abb. 70-71), eine Vorliebe, die für den Wettergott nicht belegt ist. Der Wettergott steht auf dem Stier. Die Assoziation des Mondgottes mit dem Stierkopf ist wohl in der engen Beziehung zwischen Neumond und Stierhörnern begründet. Von der Romantik her sind wir gewohnt, den Mond als milde und friedliche Grösse zu sehen. Die südostanatolische-nordsyrische Tradition sieht ihn anders. Nicht nur gilt der Mondgott von Harran als energischer Wahrer des Rechts, manche Darstellungen geben ihm geradezu kriegerisch-aggressive Züge. Das Schwert, das eines der Elemente ist, die das Bild auf der Betsaida- und den Hauran-Stelen anthropomorphisieren, findet sich auch bei anthropomorphen Darstellungen des Mondgottes (Abb. 76-77). Besonders eindrücklich ist Abb. 77, ein Relief, das den Mondgott als Bewacher eines Tores oder Tempels zeigt.

(4) Obwohl der Mondgott gelegentlich anthropomorph dargestellt wurde, war es im 9./8. Jh. in Südostanatolien und Nordsyrien üblicher, ihn mittels

des Mondemblems von Harran zu repräsentieren (Abb. 30-31.33-39.76-77.10-114). Beim Wettergott dominierte umgekehrt die anthropomorphe Darstellung, und die symbolische durch das Blitzbündel war seltener. So stellt sich die Frage, ob die Anthropomorphisierung auf der Betsaida- und den Hauran-Stelen nicht vielleicht durch die südsyrische Neuinterpretation der anatolisch-nordsyrischen Komposition als Wettergott ausgelöst worden sein könnte, so dass wir einen als Wettergott interpretierten Mondgott oder einen lunarisierten Wettergott vor uns hätten.[400] Auch der Wettergott ist gelegentlich am Tor dargestellt, so in Karkemisch[401] und wahrscheinlich in Malatya.[402]

Manche Einrichtungen bei Toren sind schon als Hinweise für einen Kult am Tor gedeutet worden. Eindeutig ist der Sachverhalt in Dan, wo zwischen dem Vortor und dem Haupttor der Stadt des 9./8. Jh. eine Kultstätte mit fünf Masseben, einem Depositisch für Opfergaben und Reste von Räuchertassen gefunden worden sind (Abb. 78-83). Bei der oft zitierten Kulteinrichtung am Tor in Tell el-Farʿa (Nord) ist das Problem, dass Massebe und Bassin einer- und Toranlage andererseits anscheinend nicht gleichzeitig existiert haben (Abb. 84-89). Bei den Negevfestungen ist entweder die Lage unmittelbar beim Tor nicht gegeben (Ḥorvat ʿUza, Abb. 90-91) oder die Funde sind nicht eindeutig als Hinweise auf einen Kult im Tor oder beim Tor zu deuten (Ḥorvat Radum, Abb. 92; Kuntillet ʿAǧrud, Abb. 93; Beerscheba, Abb. 94-95). Auch die Einrichtung beim Tor von Megiddo (Abb. 96-98), die von der Lage her gut als Kultplatz in Frage käme, wird leider nicht durch Elemente wie Masseben, Räuchertassen oder ähnliches als solche gesichert. Völlig willkürlich ist die Annahme, im eisenzeitlichen Kinneret (Abb. 99-100) oder Hazor hätte es Kulteinrichtungen beim Tor gegeben.

Nicht direkt neben dem Tor, aber auch nicht weit davon entfernt und jedenfalls ausserhalb der Festungsmauern ist das Heiligtum des 7. Jh. von ʿEn Ḥaseva in der ʿArava (Abb. 101-103). Der Sichelmond auf der Kultstele (Abb. 104) und auf einem am Ort gefundenen Siegel (Abb. 105) legt nahe, dass es sich auch hier um einen Mondkult oder mindestens einen Kult mit lunaren Aspekten gehandelt hat.

Die Kulteinrichtungen am Tor mögen Individuen und Familien gedient haben, die hier – wie beim Dankopfer im Tempel – einen Kult bewusst in der Öffentlichkeit pflegten. Sie waren aber auch Schauplatz kollektiver

---

[400] Zum Phänomen der Lunarisierung bes. im 7. Jh. siehe Keel/Uehlinger [4]1998, 349-361.
[401] Woolley 1921, Pl. B.30.a; Orthmann 1971, Taf. 20 Karkemis Aa/4.
[402] Akurgal 1961, Abb. 105 oben; Orthmann 1971, Taf. 41 Malatya A/11.

Kulte unter Leitung von Königen, Priestern und Propheten, wie das Folgende zeigt.

Literarisch sind für die Existenz von Kulten am Stadttor vor allem zwei Texte der Hebräischen Bibel interessant (2 Kön 23,8b und Ez 8,3-5), die für Jerusalem einen Kult zwischen einem Vortor und einem Haupttor (ähnlich wie in Dan) bezeugen. Vielleicht beziehen sich beide Texte auf den gleichen Sachverhalt. Die Formulierung in Ez 8,3 legt nahe, in Jerusalem einen Kult anzunehmen, der ähnlich wie der von Betsaida mit einer ikonischen Stele ausgestattet war. Als Inhalt für einen Kult am Tor legt Ps 121,8 nahe, sich beim Weggang aus dem geschützten Raum der Stadt des Segens und Schutzes der Gottheit für die Reise zu vergewissern und bei der Rückkehr dafür zu danken. Ikonische (Abb. 110-111) und anikonische Stelen (Gen 31,51f; Jes 19,19?) haben dazu gedient Grenzen zu markieren und zu garantieren, und das Stadttor war eine solche Grenze. Von besonderen Gefahren umgeben war der Aufbruch aus der Stadt, wenn es um einen Kriegszug ging. In solchen Fällen hat man sich beim Aufbruch mit ganz besonderen Riten des Mitgehens der Gottheit versichert (1 Kön 22; Brief des Haruspex Marduk-šumu-uṣur an Assurbanipal aus dem Jahre 667). Endlich könnte das Heiligtum am Tor bei den regelmässig dort stattfindenden Rechtsgeschäften eine Rolle gespielt haben. Ein Relief des Barrakib von Sam'al (Zincirli) am Eingang allerdings nicht des Stadttors, sondern des Palastes zeigt ihn einerseits als frohen Zecher (Abb. 108a-b), andererseits als zuverlässigen Rechtspartner mit seinem Schreiber vor dem Emblem des Mondgottes von Harran (Abb. 109). Stelen (Abb. 110-111), Siegelabdrücke (Abb. 112) und Bullen (Abb. 113-114) mit dem Mondemblem von Harran bezeugen die Bedeutung dieser Gottheit für Verträge und andere Rechtsgeschäfte.

Endlich gibt es auch Hinweise für Memorialstelen und für Ahnenkult, besonders für den Kult verstorbener Könige am Tor. Die drei anikonischen Masseben könnten Bestandteil eines solchen Kults gewesen sein. Eine Memorialstele (allerdings nicht am Tor) erwähnt 2 Sam 18,18. In der berühmten Stelenreihe von Assur gibt es nebst den zahlreichen mit dem Namen eines Königs oder eines Beamten gravierten auch anepigraphische Stelen. In den Stadttoranlagen von Karatepe (Abb. 116a-b), Karkemisch (Abb. 117) und Zincirli wurden Orthostaten gefunden, die mit genau den gleichen Speiseszenen dekoriert sind, wie sie auf eigentlichen Grabstelen zu sehen sind. Auf einer Statue des Wettergottes von Zincirli, die wahrscheinlich vom Stadttor stammt, steht: „Möge die Seele des Panammuwa mit dir (Hadad) essen und möge die Seele des Panammuwa mit dir trinken."[403]

---

[403] Donner/Röllig 1962, Nr. 214,17.

Dieser Satz hätte wohl ähnlich auch auf den anikonischen Stelen von Betsaida stehen können. Gemeint wäre dann gewesen, dass die Ahnen, die durch die anikonischen Stelen repräsentiert wurden, an den Libationen und Räucheropfern für die Gottheit (den Mondgott oder den lunarisierten Wettergott) der ikonischen Stele teilhaben sollten.

Manche Frage, die sich in Zusammenhang mit der Kultanlage beim Tor von Betsaida stellt, lässt sich nicht mit letzter Sicherheit und Eindeutigkeit beantworten. Grund dafür könnte nebst fehlenden Informationen[404] der Umstand sein, dass die antiken Bewohner der Stadt ein weniger ausgeprägtes Bedürfnis nach klaren Antworten und eindeutigen Zeichen hatten als wir. M. Hutter hat in seinem Aufsatz über Kultstelen und Gedächtnissteine darauf aufmerksam gemacht, wie leicht Kultstelen auch Memorialfunktionen übernehmen und Totenstelen Kultstelen werden konnten, obwohl man beide grundsätzlich unterschieden hat.[405] Bei einem den Masseben verwandten Phänomen, bei heiligen Bäumen, lässt sich für Ägypten dank der häufig vorhandenen Beischriften deutlich zeigen, dass nicht nur verschiedene Gottheiten (Nut, Isis, Hathor, Maʿat) sich z.B. in einer Sykomore manifestieren konnten, sondern sogar die Gottheit, die in einem ganz bestimmten Baum präsent war, im Bild als „Isis" dargestellt, in der Beischrift aber als „Hathor, Herrin des Westens" identifiziert werden konnte.[406] Wichtiger als die eindeutige Identifikation war die Funktion der Baumgöttin für den Toten bzw. des Heiligtums am Stadttor. Letzteres bot den Menschen, die sich am Tor einfanden, die Möglichkeit, in den emotional befrachteten Momenten des Weggehens oder der Heimkehr, der Auseinandersetzung im Rechtsstreit oder der Erinnerung an die Begründer und Begründerinnen ihrer Ordnung (Memorialstelen) sich mit Libationen, Räucheropfern und Gebeten mit den numinosen Mächten in Verbindung zu setzen. Libationen und Räucheropfer kommen mit ihrer Symbolik, dem Eindringen in den Stein bzw. die Erde und dem Aufsteigen zum Himmel dem Bedürfnis der Kommunikation mit numinosen Bereichen, stärker entgegen als das Hinlegen von Nahrungsmitteln (Fleisch, Früchte). Das Räuchern war auch besonders geeignet, die astralen Mächte zu erreichen (2 Kön 23,5; Jer 19,13). Die Spannungen und Aporien des Lebens mussten so vom Menschen nicht allein getragen, sondern konnten mit den Schicksalsmächten geteilt werden, die im 8. und 7. Jh. vor allem im astralen Bereich wahrgenommen wurden.

---

[404] Vielleicht bringen Grabungen im südlichen, noch nicht ausgegrabenen Teil der Toranlage neue Erkenntnisse.

[405] Hutter 1993, 105f.

[406] Keel 1992, 61-138, bes. 128 Abb. 83.

TAFELN

Abb. 1c (p. 1). Photo: Israel Museum.

96

Abb. 1d-e (p. 1). Zeichnung 1d: Bethsaida Excavations Project. 1e: Zeichnung
Israel Museum.

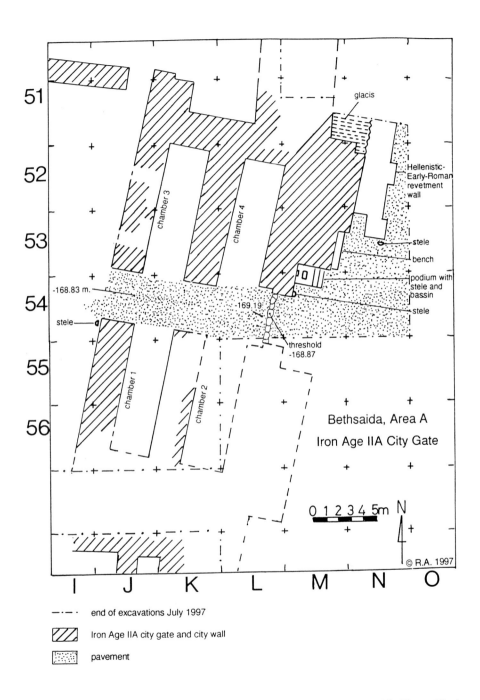

Abb. 2 Betsaida: Plan der eisenzeitlichen Toranlage (errichtet im 10. Jh. v. Chr.) mit Kultplätzen. Plan: Bethsaida Excavations Project.

Abb. 3 Betsaida: Podium mit Bassin, zu dem zwei Stufen hinaufführen (Blick nach Nordwest; der Nordpfeil liegt vor der ersten Stufe). Links neben dem Podium die anikonische Stele an der Ecke der vorderen nördlichen Torzange. Zwischen Stele und Podium bzw. an der Südseite des Podiums sowie auf der ersten Stufe des Podiums kann man noch Reste des weissen Verputzes erkennen, der ursprünglich die ganze Kultstätte und den Torbau überzog. Photo: Bethsaida Excavations Project.

Abb. 4 Das Bassin. Photo: Bethsaida Excavations Project.

Abb. 5 Betsaida: Die anikonische Stele an der Ecke der vorderen nördlichen Torzange (M 54; Blick nach Westen durch die Torpassage hindurch). Der abgerundete
obere Teil der Stele war abgebrochen und befand sich ganz in der Nähe der Stele.
In der Bildmitte die Torschwelle (auf ihr befinden sich *locus*-Tafel und Nordpfeil)
Photo: Bethsaida Excavations Project.

Abb. 6 Betsaida: Die gepflasterte Torpassage (Blick nach Nordost). Links der Eingang zu der Kammer 4 des Tors (man beachte die erhöhte Schwelle beim Eingang). Im Hintergrund die anikonische Stele an der Ecke der vorderen nördlichen Torzange. Photo: Bethsaida Excavations Project.

Abb. 7 Betsaida: Kammer 4 des Tors mit einer reichen Fundlage zu Bruch gegangener Keramik auf dem Boden der Kammer. In dem Ensemble befanden sich auch einige Räuchertassen. Die Keramik aus Kammer 4 wird derzeit rekonstruiert; eventuell ergeben sich noch mehr Hinweise auf Opfergefässe. Photo: Bethsaida Excavations Project.

Abb. 8 Betsaida: Die anikonische Stele an der Ecke der hinteren südlichen Torzange (J 54; Blick nach Osten durch einen Abschnitt der Torpassage; links und im
Hintergrund die Stege des Squares J 54). Die Stele lehnt an der Tormauer und befindet sich nicht unmittelbar *in situ*. Möglicherweise ist sie von einem erhöhten
Platz heruntergefallen. Photo: Bethsaida Excavations Project.

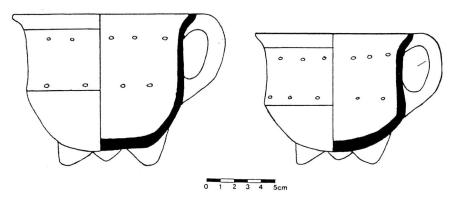

Abb. 9 Bethsaida: Zwei der drei Räuchertassen, die im Becken des Bassins gefun-
den wurden (*locus* 228, basket 3683 v. 3.6.1997). Durchmesser 12,5 bzw. 11,3 cm,
Höhe 8,8 bzw. 7,6 cm. Rekonstruktion und Zeichnung: Charleen Green, Bethsaida
Excavations Project at the University of Nebraska at Omaha.

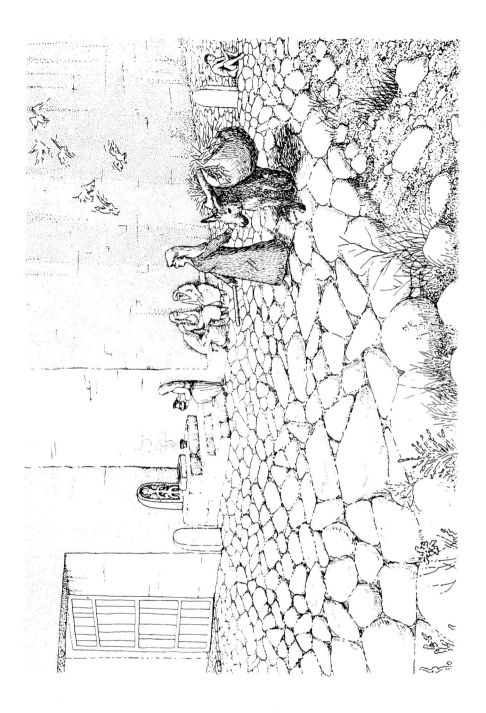

Abb. 10 Rekonstruktionszeichnung von Barbara Connell.

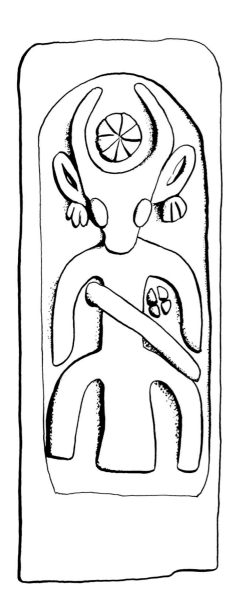

Abb. 11a-b (p. 8). Photo: Nationalmuseum Damaskus.

104

Abb. 12 (p. 9)

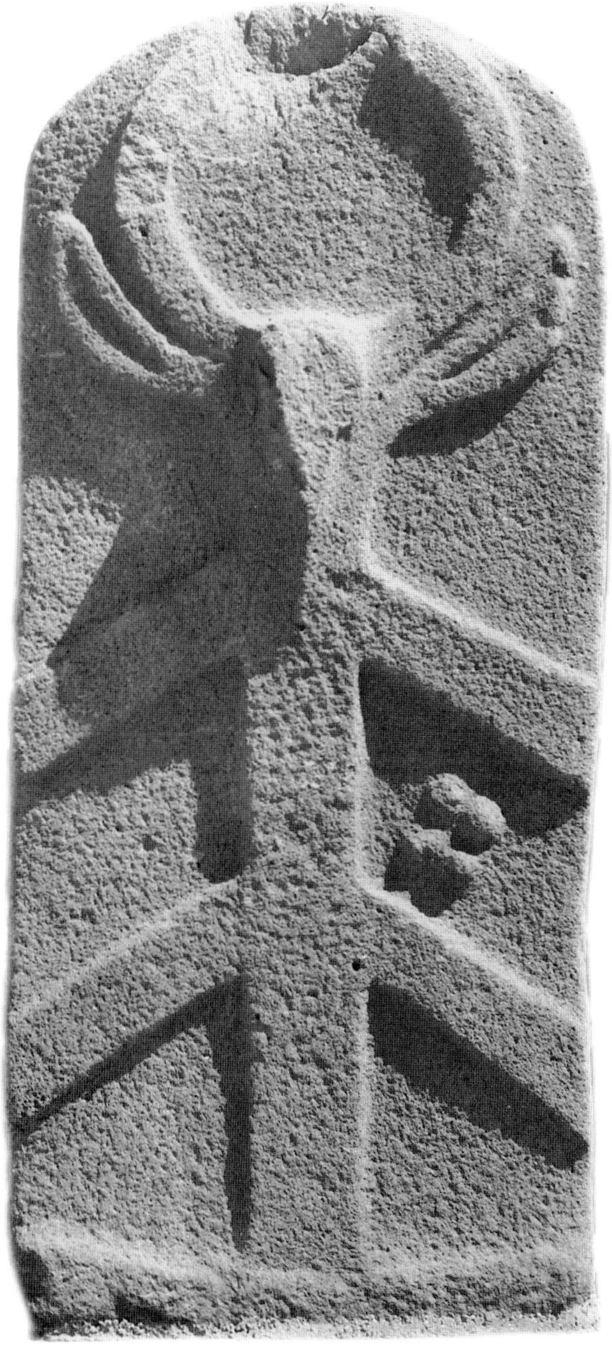

Abb. 13a (p. 10). Photo: Peter Calmeyer.

Abb. 13b-c (p. 11). Photo: Peter Schäfer.

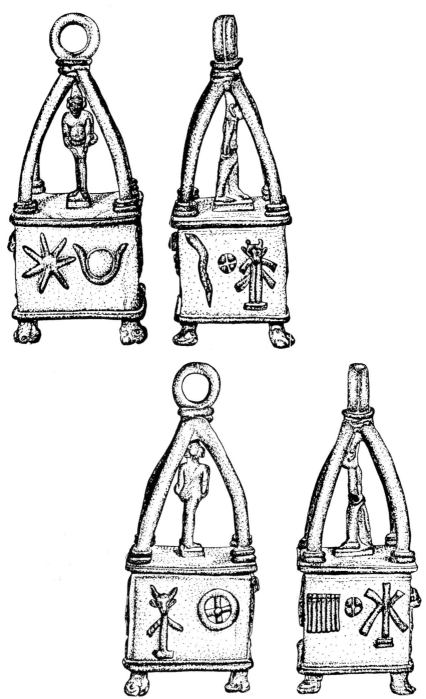

Abb. 14a-d (p. 11)

Abb. 15-16 (p. 13-14)

Abb. 17-19 (p. 22-23)

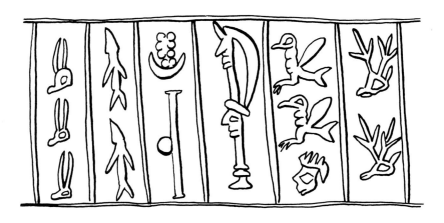

Abb. 20-22 (p. 23-24)

Abb. 23-26 (p. 25)

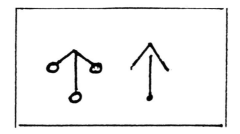

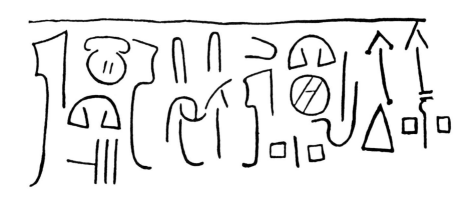

Abb. 27-29 (p. 26-27)

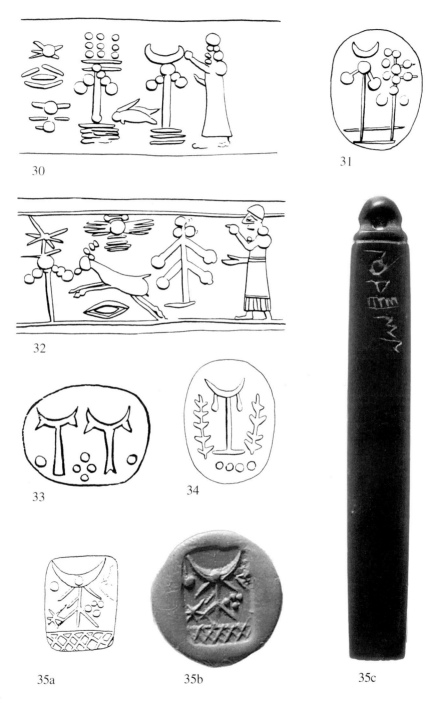

Abb. 30-35a-c (p. 28-30)

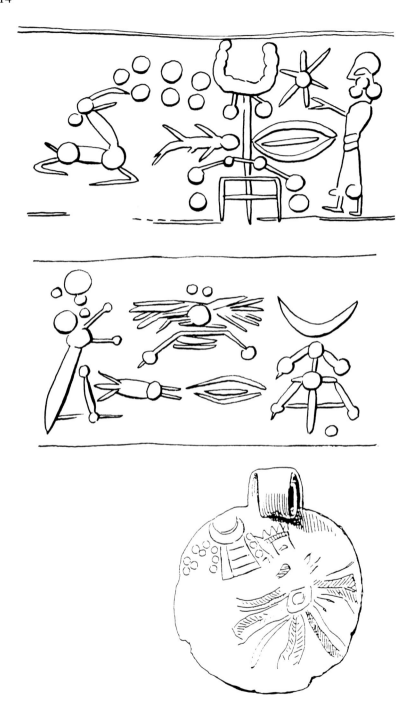

Abb. 36-38 (p. 30-31)

23 Tell Aḥmar
S XXX 2

25 Karkamiš
A18g 2

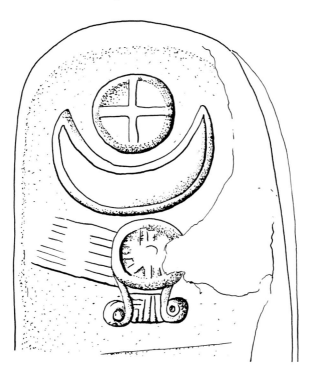

Abb. 39-41 (p. 31-32)

Abb. 42-43 (p. 34)

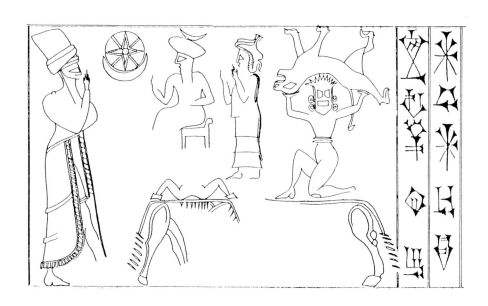

Abb. 44 (p. 34)

118

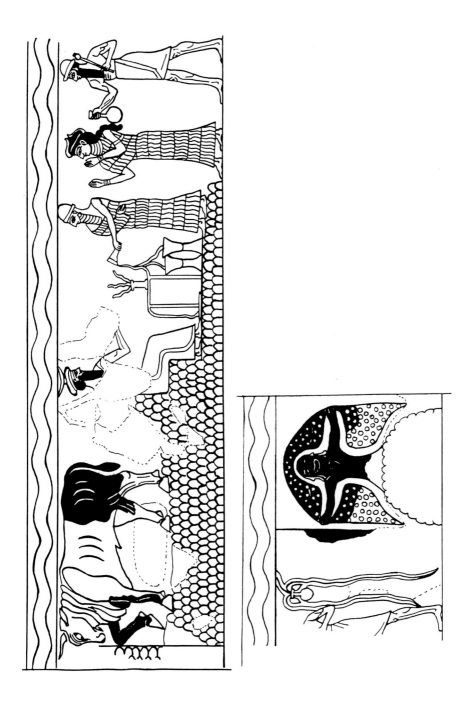

Abb. 45 (p. 35)

Abb. 46-49 (p. 35)

120

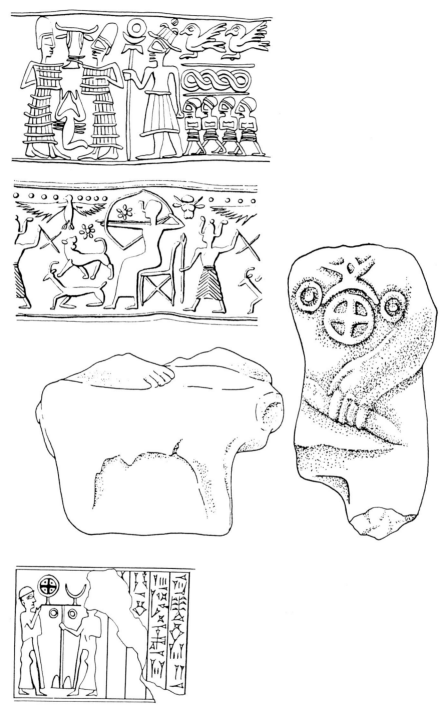

Abb. 50-53 (p. 35-36)

Abb. 54-58 (p. 37-38)

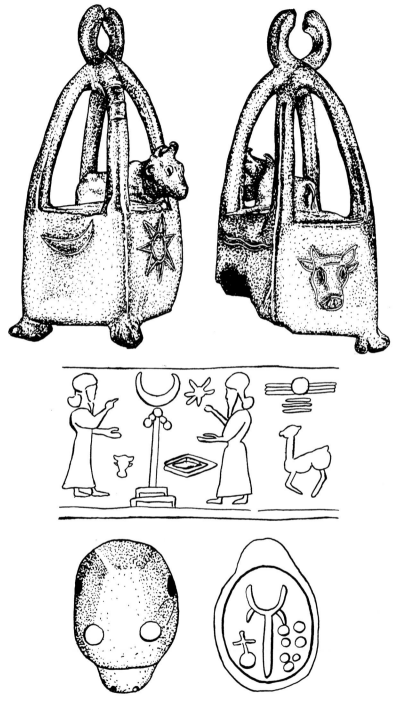

Abb. 59-61 (p. 38-39)

Abb. 62-64 (p. 39)

Abb. 65-66 (p. 40)

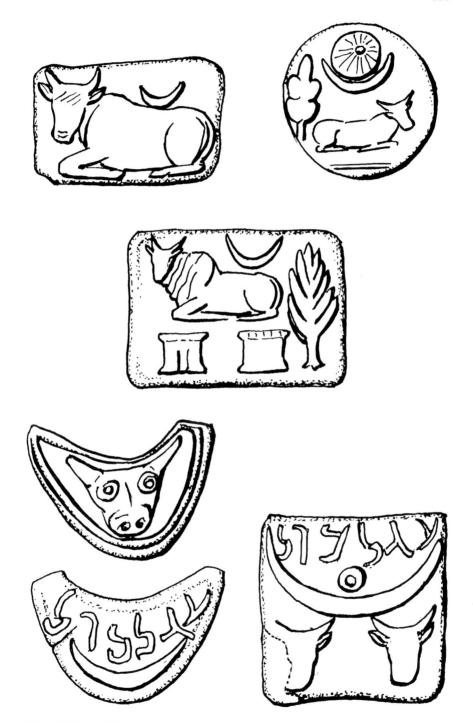

Abb. 67-71 (p. 41)

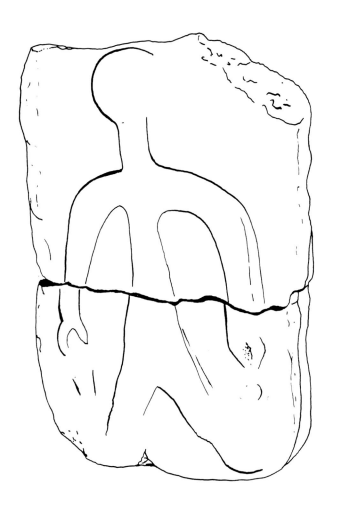

25 Antropomorfi schematici

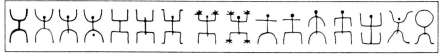

26 Antropomorfi schematici

Abb. 72-73 (p. 42)

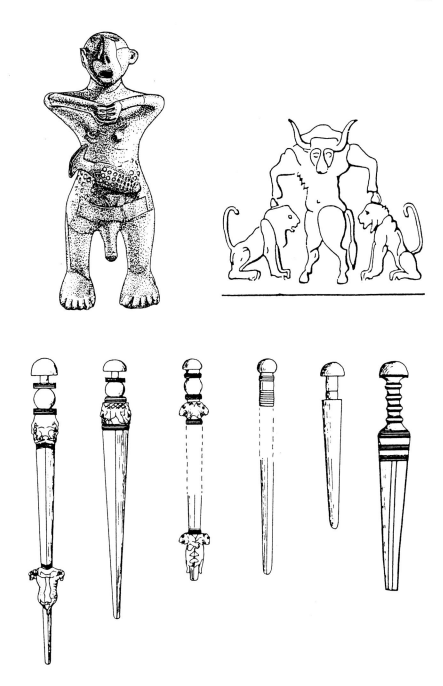

Abb. 74a-b und 75 (p. 43-44)

128

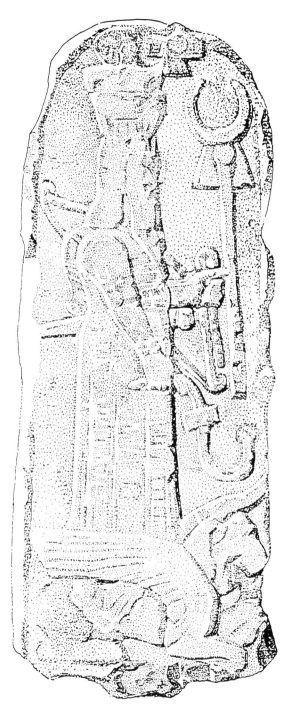

Abb. 76 (p. 44)

Abb. 77 (p. 44)

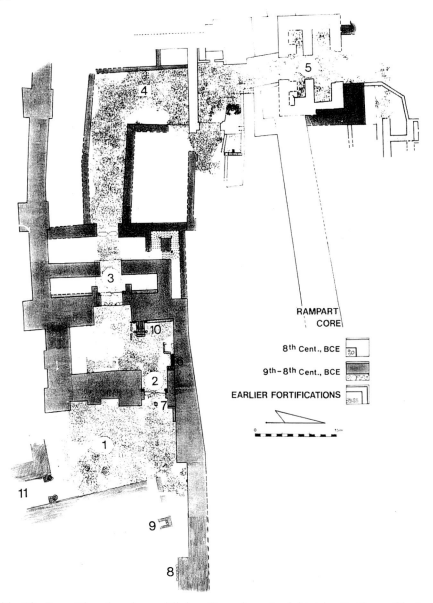

Abb. 78 Dan: Plan der eisenzeitlichen Toranlage (errichtet im 9. Jh. v. Chr.). 1- Platz vor dem Vortor; 2 - Vortor; 3 - Haupttor (4 Kammern); 4 -Zugangsweg zur Stadt; 5 - oberes Tor (im 8. Jh. v. Chr. errichtet); 6 - Kultstätte am Vortor (Stadtinnenseite) mit fünf Masseben und Depositbank; 7 - Massebe vor dem Vortor?; 8 - fünf Masseben (Position korrekt?); 9 - Kultstätte aus dem Zeit nach der assyrischen Eroberung (Ende 8.-7. Jh. v. Chr.) mit Masseben und Opferstein; 10 - Podium mit Säulenbasen; 11 - das neu entdeckte Außentor. Abb. Biran 1994a, Abb. 194 (mit Zusätzen "6", "7", "8", "9", "10", "11", Verlängerung der Stadtmauer nach Osten, Einzeichnung des Außentors).

Abb. 79 Dan: Eingang des Vortors (Blick nach Westen). In der Bildmitte die Schwelle mit grossen länglichen Trittsteinen, rechts im Bild die nördliche hintere Torzange. Vor der Schwelle ein 60 cm hoher, behauener, viereckiger Monolith, der von Biran als Massebe interpretiert wird. Abb. Biran 1974, Abb. 21.

Abb. 80 Dan: isometrische Rekonstruktionszeichnung der eisenzeitlichen Toranlage (errichtet im 9. Jh. v. Chr.). 1- Platz vor Vortor; 2 - Vortor; 3 - Haupttor (4 Kammern); 4 - Zugangsweg zur Stadt; 5 - oberes Tor (im 8. Jh. v. Chr. errichtet); 6 - Kultstätte am Vortor (Stadtinnenseite) mit fünf Masseben und Depositbank; 10 - Podium mit Säulenbasen. Abb. Biran 1994a, Abb. 206 (mit Zusätzen "6" und "10").

Abb. 81 a-b Dan: Kultstätte am Vortor (Stadtinnenseite) mit fünf Masseben und
Depositbank (*locus* 5122B). Aufnahme von vorne (Blick Richtung Norden). Abb.
Biran 1994a, Abb. 203. Aufnahme von der Seite (Blick Richtung Osten); links die
Stadtmauer, im Hintergrund die nördliche hintere Zange des Vortors; im Vorder-
grund ein Teil des sich an die Kultstätte im Westen anschließenden, mit einer
Mauer eingegrenzten Raums (*locus* 5122A). Abb. Biran 1994a, Abb. 204.

Abb. 81c Keramik aus der Umgebung der Kultstätte: drei Schalen, eine Öllampe, zwei Räuchertassen, eine Öllampe auf einem Ständer, ein Teller (v.l.n.r.). Abb. Biran 1994a, Abb. 205.

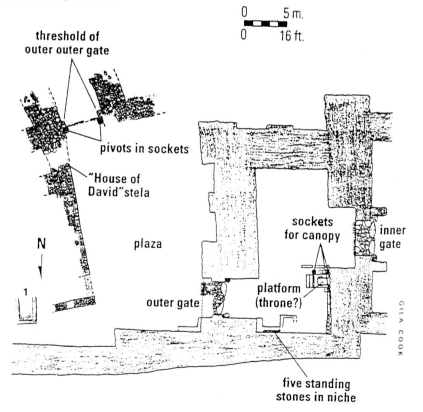

Abb. 82 Dan: Plan der neu entdeckten Anlage eines Außentors (Datierung und Zusammenhang mit Vor- und Haupttor noch nicht geklärt). Die Ziffer 1 bezeichnet annäherend den Fundort der Kultstätte aus dem späten 8. und 7. Jh. v. Chr. Abb. Anonym. 1994, 33 mit Zusatz "1" und Einzeichnung der Kultstätte.

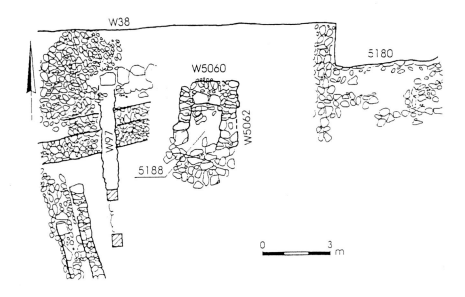

Abb. 83 Dan: Detailplan der Kultstätte (*locus* 5188) aus der Zeit nach der assyrischen Eroberung (spätes 8.-7. Jh. v. Chr.) in dem Abschnitt der Stadtmauer (W 38)
zwischen Rücksprung und Vorsprung (*locus* 5180) östlich des Vortors. Abb. Biran
1997, Abb. 16.

Abb. 84 Tell el-Farʿa (Nord): Isometrische Rekonstruktionszeichnung der eisenzeitlichen Toranlage, Stratum VIIb (errichtet im 10. Jh. v. Chr.) mit vorgelagertem
Glacis und Graben sowie den Überresten eines Turms (?) westlich des Zugangswegs (gemäß Chambon). Auf der Stadtinnenseite und in der Achse der Torpassage
die Kultstätte, bestehend aus einer anikonischen Stele und einem Bassin. Abb.
Chambon 1984, Plan II.

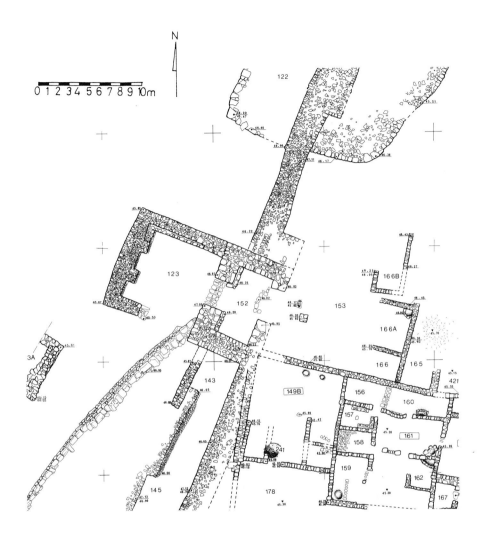

Abb. 85 Tell el-Farʿa (Nord): Plan der eisenzeitlichen Toranlage, Stratum VIIb
(errichtet im 10. Jh. v. Chr.), mit vorgelagertem Glacis und Graben sowie den
Überresten eines Turms (?) westlich des Zugangswegs (gemäß Chambon). Man
beachte die nur hier eingezeichnete Überlagerung der Stadtmauer und der südlichen hinteren Torzange durch die westliche Mauer des Hofes *locus* 1498. Auf der
Stadtinnenseite (Platz *locus* 153) und in der Achse der Torpassage die Kultstätte,
bestehend aus einer anikonischen Stele und einem Bassin. Abb. Chambon 1984,
Plan III.

138

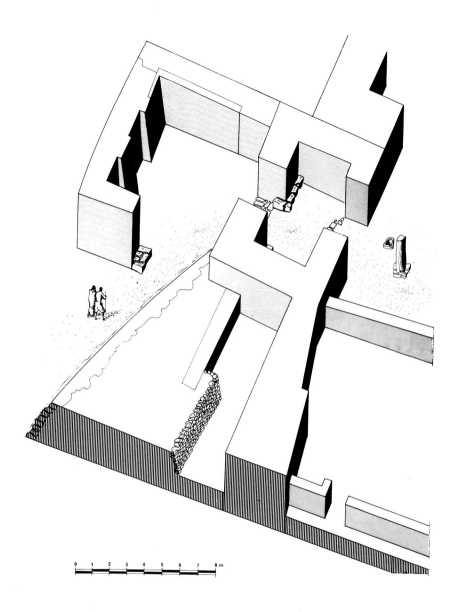

Abb. 86 Tell el-Far'a (Nord): isometrische Rekonstruktionszeichnung der eisenzeitlichen Toranlage, Stratum VIIb (errichtet im 10. Jh. v. Chr.) mit vorgelagertem
Glacis und Graben (gemäß Chambon). Auf der Stadtinnenseite und in der Achse
der Torpassage die Kultstätte, bestehend aus einer anikonischen Stele und einem
Bassin. Abb. Chambon 1984, Tafel 8.

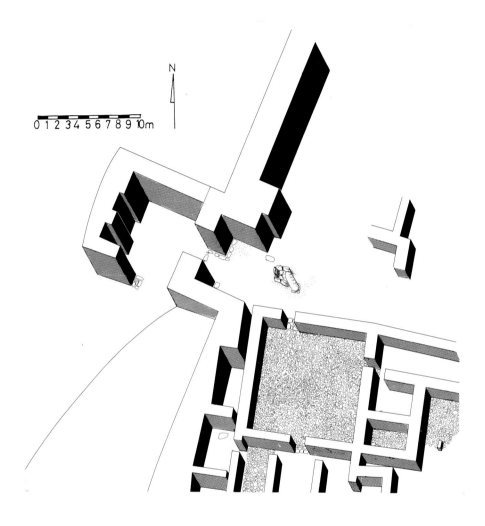

N

0 1 2 3 4 5 6 7 8 9 10m

Abb. 87 Tell el-Farʿa (Nord): isometrische Rekonstruktionszeichnung der erneuerten eisenzeitlichen Toranlage, Stratum VIId (errichtet im 9. Jh. v. Chr.), gemäss
Chambon. Man beachte die Veränderung des Tors (Aufgabe einer Torzangenkonstruktion) und der Stadtmauer südlich des Tors (Schwächung durch Kammern).
Auf der Stadtinnenseite (Platz *locus* 153) und in der Achse der Torpassage die erneuerte Kultstätte, bestehend aus einer anikonischen Stele und einem vergrösserten
Bassin; der Ort der Kultstätte ist der gleiche wie in Stratum VIIb. Abb. Chambon
1984, Plan IV.

140

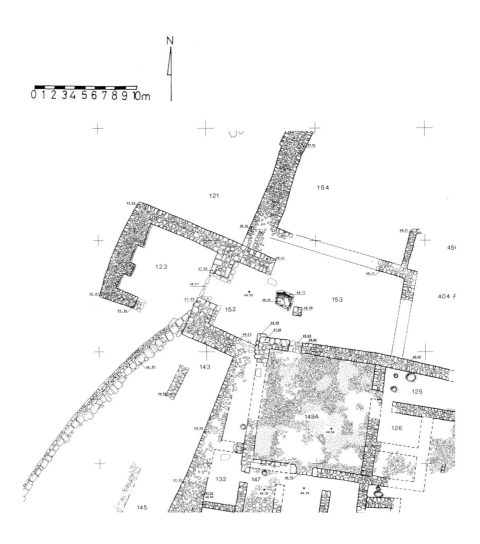

Abb. 88 Tell el-Farᶜa (Nord): Plan der erneuerten eisenzeitlichen Toranlage,
Stratum VIId (errichtet im 9. Jh. v. Chr.), gemäss Chambon. Man beachte die Veränderung des Tors (Aufgabe einer Torzangenkonstruktion) und der Stadtmauer
südlich des Tors (Schwächung durch Kammern). Die nordwestliche Ecke des Hofs
locus 149A läuft über das Fundament der südlichen hinteren Torzange hinweg
(siehe Höhenangaben!). Auf der Stadtinnenseite (Platz *locus* 153) und in der Achse
der Torpassage die erneuerte Kultstätte, bestehend aus einer anikonischen Stele
und einem vergrösserten Bassin; der Ort der Kultstätte ist der gleiche wie in Stratum VIIb. Abb. Chambon 1984, Plan V.

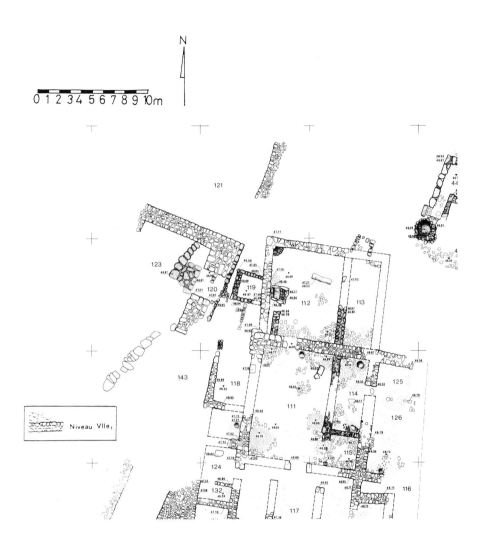

Abb. 89 Tell el-Farʿa (Nord): Plan des Bereichs der früheren Toranlage, Stratum VIIe und VIIe₁ (7. bzw. 6.-5. Jh. v. Chr.), gemäss Chambon. Auch wenn kein Bezug mehr zu einem Tor vorhanden ist, besteht die Kultstätte fort und wird nun mit einer Mauer eingefasst (*locus* 112). Abb. Chambon 1984, Plan VI.

142

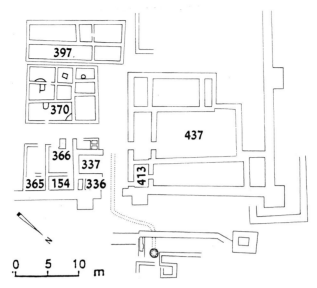

Abb. 90 Ḥorvat ʿUza: Toranlage und die Gebäude in der Umgebung (errichtet im 7. Jh. v. Chr.). Das Tor stellt keine Kammerkonstruktion dar. Vielmehr sind die Räume 336, 154 und 365 östlich und 413 westlich des Tors Teil der an die Stadtmauer angebauten Kasematten. Der nach der Strasse hin offene Raum 366 mit dem Podium liegt südwestlich des Raums 154. Abb. Beit-Arieh 1993a, 1495.

Abb. 91 Ḥorvat ʿUza: Isometrische Rekonstruktionszeichnung der östlichen Hälfte des Tors und der angrenzenden Kasemattenräume 336, 154 und 365 (7. Jh. v. Chr.), von Süden gesehen. Im Hintergrund die Stadtmauer, links die Torpassage mit gepflastertem Abflusskanal. In der Bildmitte der zur Strasse hin offene Raum 366 mit einem Podium, zu dem drei Stufen hinaufführen. Abb. Beit-Arieh/Cresson 1991, 131.

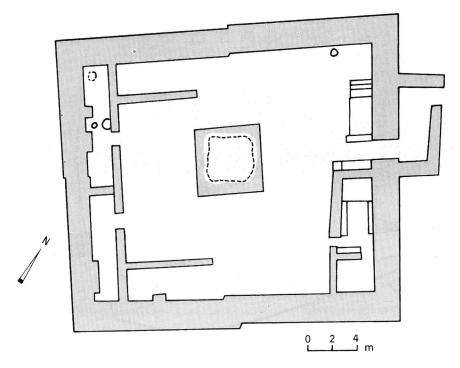

Abb. 92 Ḥorvat Radum: Plan der Festung (7. Jh. v. Chr.). Das Tor ist durch einen L-förmigen Vorbau geschützt, der einen direkten Angriff auf das Tor verhinderte. Nördlich des Eingangs ein offenes Podium, zu dem drei Stufen hinaufführen. Südlich des Eingangs befindet sich ein Breitraum mit Bänken. Abb. Beit-Arieh 1993b, 1254.

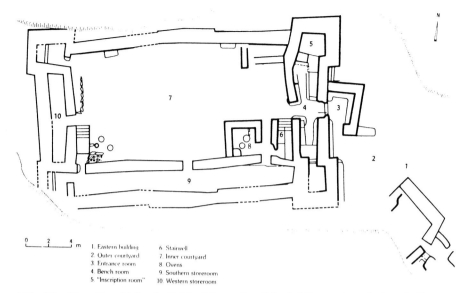

Abb. 93a Kuntillet ʿAğrud: Gebäudekomplex (Nr. 3-10) aus dem frühen 8. Jh. v. Chr. mit sog. „bench room" im Eingangsbereich (Nr. 4). Abb. Meshel 1993, 1458.

Abb. 93b Kuntillet ʿAğrud: Raum Nr. 5: zwei Masseben mit abgerundetem oberem Ende, im abgerundeten Feld kreisrunde Vertiefung, links davon Steinplatte, auf die evtl. Opfergaben gelegt wurden. Photo: Benjamin Sass, Tel Aviv.

Abb. 94a-b Beerscheba: Räucheraltar in hyperboloider Form. Abb. Herzog 1993, 172 und Zwickel 1990, 132 (Tell es-Seba' 2).

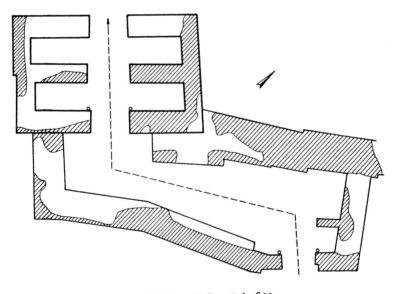

Abb. 95   *Tell es-Seba^c V*

Abb. 95 Beerscheba: Das 4-Kammertor in Stratum V (2. Hälfte 10. Jh.). Der Zugang zum Tor ist durch einen L-förmigen Vorbau geschützt. Ein Turm schützt zusätzlich die rechte vordere Torzange. In der Nische zwischen Turm und Zange wurde ein abgerundeter Bau freigelegt, der als Fundament eines Kultpodiums gedient haben könnte (nicht im Plan). Zwischen Turm und Torschwelle, nahe des Konstruktionsgrabens eines Abwasserkanals der Schicht III, wurde der Räucheraltar gefunden. Abb. Herzog 1986, Abb. 95 (Maßstab 1:300)

146

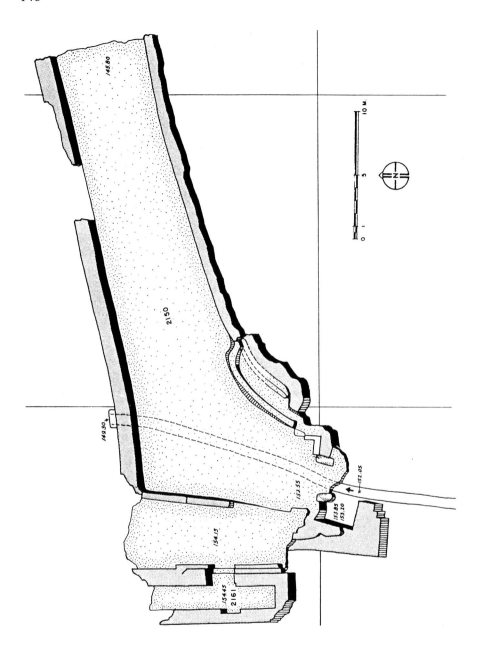

Abb. 96 Megiddo: Plan der Toranlage aus Stratum VA (10. Jh. v. Chr.) und des Zugangswegs zum Tor (*locus* 2150). Vom 2-Kammertor ist nur die westliche Hälfte erhalten. Östlich des Tors befindet sich ein erhöhter Platz mit zwei langgezogenen Bänken, westlich des Tors, ebenfalls erhöht, ein Breitraum mit einer Nische (*locus* 2161). Abb. Loud 1948, Abb. 388.

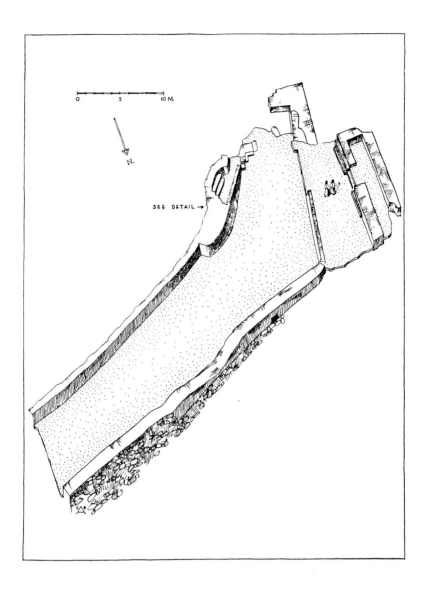

Abb. 97 Megiddo: Rekonstruktionszeichnung der Toranlage aus Stratum VA (10. Jh. v. Chr.) und des Zugangswegs zum Tor (*locus* 2150). Vom 2-Kammertor ist nur die westliche Hälfte erhalten. Östlich des Tors befindet sich ein erhöhter Platz mit zwei langgezogenen Bänken, westlich des Tors, ebenfalls erhöht, ein Breitraum mit einer Nische (*locus* 2161). Abb. Loud 1948, Abb. 91.

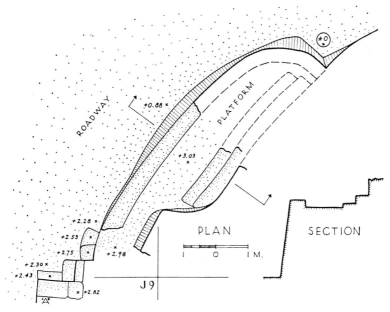

Abb. 98 Megiddo: Plan des erhöhten Platzes östlich des Tors mit zwei langgezogenen Stufen oder Bänken. Rechts ein Profil, das die Erhebung der Plattform über dem Torweg (ca. 2,30 m) und die Höhe der Bänke (ca. 15 bzw. 25 cm) gut veranschaulicht. Abb. Loud 1948, Abb. 98.

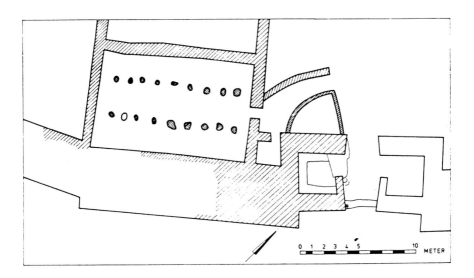

Abb. 99 Kinneret: Schematischer Plan des Stadttors in Stratum II (Ende 9./Anfang 8. Jh. v. Chr. erbaut). Nordwestlich des Tors die Plattform *locus* 662. Abb. Fritz 1990b, Plan 16.

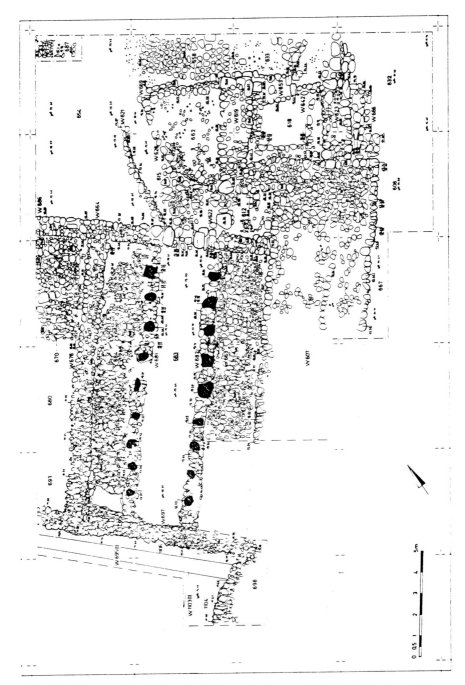

Abb. 100 Kinneret: Detailplan des Stadttors in Sttatum II (Ende 9./Anfang 8. Jh. v. Chr. erbaut). Nordwestlich des Tors die Plattform *locus* 662. Abb. Fritz 1990b, Plan 16.

150

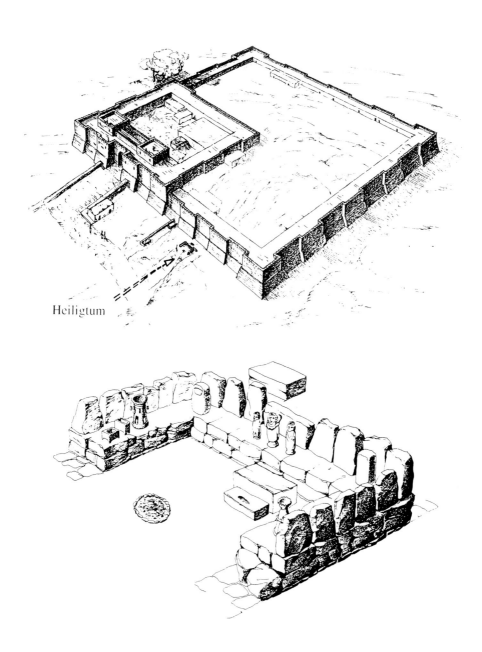

Heiligtum

Abb. 101-102 (p. 70)

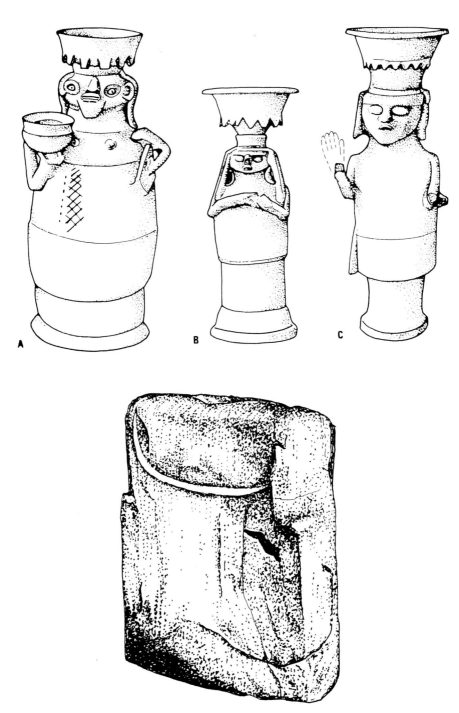

A   B   C

Abb. 103-104 (p. 70)

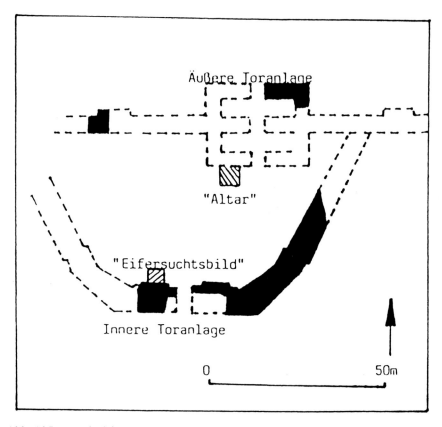

Abb. 105a-c und 106 (p. 71 und p. 76)

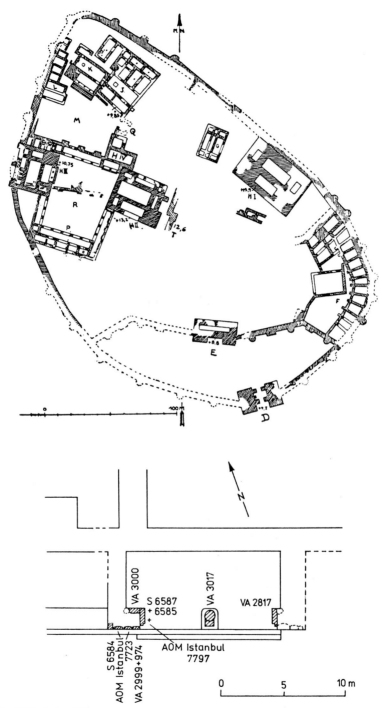

Abb. 107a-b (p. 83)

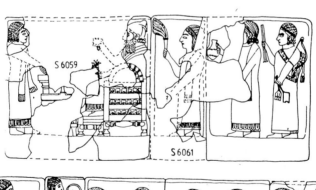

Abb. 108a-b (p. 83)

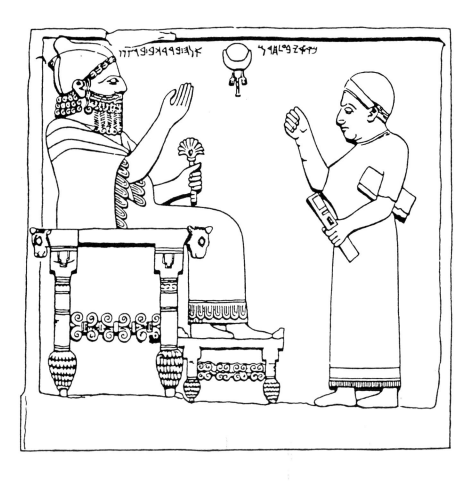

Abb. 109 (p. 83)

Abb. 110-111 (p. 84)

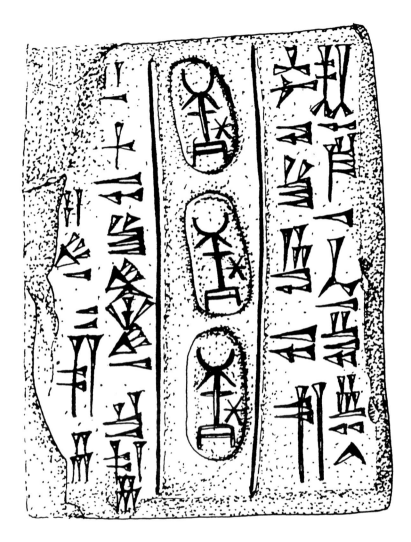

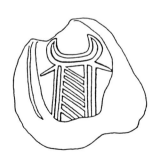

Abb. 112-114 (p. 84)

158

Abb. 115-116a (p. 85-86)

Abb. 116b (p. 86)

160

Abb. 117 (p. 86)

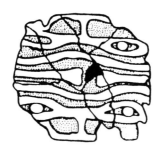

Abb. 118 (p. 90 Anm. 397)

Abb. 119a-c (p. 90 Anm. 398)

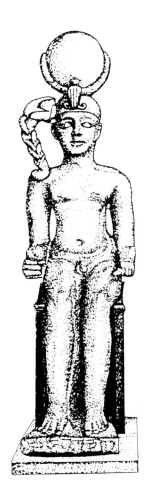 

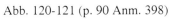

Abb. 120-121 (p. 90 Anm. 398)

Literaturverzeichnis

Abdul-Hak S., *Catalogue illustré du départment des antiquités gréco-romaines au Musée de Damas*. Damaskus 1951.

Abou Assaf A., „Die Ikonographie des altbabylonischen Wettergottes", in: *Baghdader Mitteilungen* 14 (1983) 43-66.

Ackerman S., *Under Every Green Tree. Popular Religion in Sixth-Century Judah*. Harvard Semitic Monograph 46. Atlanta 1992.

Aharoni Y., „Excavations at Tel Beersheba", in: *Biblical Archaeologist* 35 (1972) 111-127.

Ahlström G.W., *An Archaeological Picture of Iron Age Religions in Ancient Palestine*. Studia Orientalia 55:3. Helsinki 1984.

Akurgal E., *Die Kunst der Hethiter*. München 1961.

Albrecht K., „Das Geschlecht der hebräischen Hauptwörter", in: *Zeitschrift für die Alttestamentliche Wissenschaft* 16 (1896) 41-121.

Albright W.F., „Bronze Age Mounds of Northern Palestine and the Hauran: The Spring Trip of the School in Jerusalem", in: *Bulletin of the American Schools of Oriental Research* 19 (1925) 5-19.

Amiet P., *La glyptique mésopotamienne archaïque*. Deuxième édition revue et corrigée avec un supplément. Paris 1980.

— *Corpus des cylindres de Ras Shamra-Ougarit II. Sceaux-cylindres en hématite et pierres diverses*. Ras Shamra-Ougarit IX. Paris 1992.

Amiran R., *Ancient Pottery of the Holy Land. From its Beginnings in the Neolithic Period to the End of the Iron Age*. Jerusalem-Ramat Gan 1969.

Andrae W., *Das wiedererstandene Assur*. Zweite durchgesehene und erweiterte Auflage herausgegeben von B. Hrouda. München 1977.

Andrae W./von Luschan F., *Ausgrabungen in Sendschirli IV. Beschreibung der Bauwerke und Bildwerke*. Berlin 1911.

Anonymus, „David Found at Dan", in: *Biblical Archaeology Review* 20/2 (1994) 26-39.

Alt A., „Aus der ʿAraba III: Inschriften und Felszeichnungen", in: *Zeitschrift des Deutschen Palästina-Vereins* 58 (1935) 60-74.

Arav R./Bernett M., „An Egyptian Figurine of Pataikos at Bethsaida", in: *Israel Exploration Journal* 47 (1997) 198-213.

Arav R./Freund R., *Bethsaida. A City by the North Shore of the Sea of Galilee*. Bethsaida Excavations Project 1. Kirksville/Missouri 1995.

— „The Bull from the Sea: Geshur's Chief Deity?", in: *Biblical Archaeology Review* 24/1 (1998) 42.

Attridge H.W./Oden R.A., *The Syrian Goddess (De Dea Syria). Attributed to Lucian.* Society of Biblical Literature. Texts and Translations 9. Missoula/MT 1976.

Avigad N., *Discovering Jerusalem.* Nashville-Camden-New York 1980.

Avigad N./Sass B., *Corpus of West Semitic Stamp Seals.* Jerusalem 1997.

Bailey L.R., „The Golden Calf", in: *Hebrew Union College Annual* 42 (1971) 97-115.

Barnett R.D., „Homme masqué ou dieu-Ibex", in: *Syria* 43 (1966) 259-276.

Beck P., „The Drawings from Ḥorvat Teiman (Kuntillet ʿAjrud)", in: *Tel Aviv* 9 (1982) 3-68.

— „A Bulla from Ḥorvat ʿUzza", in: *Qadmoniot* 19 (1986) 19 und 40f.

— „Stone Ritual Artifacts and Statues from Areas A and H", in: A. Ben-Tor, ed., *Hazor III-IV. Text.* Jerusalem 1989, 322-338.

— „Ḥorvat Qitmit Revisited Via ʿEn Ḥazeva", in: *Tel Aviv* 23 (1996) 102-114.

Becking B., „The Two Neo-Assyrian Documents from Gezer in their Historical Context", in: *Jaarbericht van het vooraziatisch-egyptisch genootschap ‚Ex oriente lux'* 27 (1983) 76-89.

Beit-Arieh I. (1993a), „ʿUza, Ḥorvat", in: Stern, 1993, 4, 1495-1497.

— (1993b), „Radum, Ḥorvat", in: Stern 1993, 4, 1254-1255.

Beit-Arieh, I./Cresson B.C., „Ḥorvat ʿUza: A Fortified Outpost on the Eastern Negev Border", in: *Biblical Archaeologist* 54 (1991) 126-135.

Bordreuil P., *Catalogue des sceaux oest-sémitiques inscrits de la Bibliothèque Nationale, du Musée du Louvre et du Musée biblique de Bible et Terre Sainte.* Paris 1986.

Biran A., „Tel Dan", in: *Biblical Archaeologist* 37 (1974) 26-51.

— *Biblical Dan*, Jerusalem 1994a.

— „Tel Dan – 1992", in: *Excavations and Surveys in Israel* 14 (1994b) 4-6.

— „Tel Dan – 1993", in: *Excavations and Surveys in Israel* 15 (1996) 7-10.

— „Tel Dan – 1994", in: *Excavations and Surveys in Israel* 16 (1997) 14-17.

Biran A./Naveh J., „An Aramaic Stele Fragment from Tel Dan", in: *Israel Exploration Journal* 43 (1993) 81-98.

— „The Tel Dan Inscription: A New Fragment", in: *Israel Exploration Journal* 45 (1995) 1-18.

Borger R. et al., *Texte aus der Umwelt des Alten Testaments. Band I. Lieferung 1. Rechtsbücher.* Gütersloh 1982.

Börker Ch., „Bukranion und Bukephalion". *Archäologischer Anzeiger* 90 (1975) 244-250.

Börker-Klähn J., *Altvorderasiatische Bildstelen und vergleichbare Felsreliefs.* Baghdader Forschungen 4. Mainz 1982.

Briend J., „Tell el-Farʿah et son identification ancienne", in: P. Amiet et al. *Tell el Farʿah. Histoire, glyptique et céramologie.* Orbis Biblicus et Orientalis. Series Archaeologica 14. Fribourg/Suisse-Göttingen 1996.

Buchanan B., *Early Near Eastern Seals in the Yale Babylonian Collection.* New Haven-London 1981.

Buchanan B./Moorey, P.R.S., *Catalogue of Ancient Near Eastern Seals in the Ashmolean Museum III. The Iron Age Stamp Seals (c. 1200-350 BC).* Oxford 1988.

Busink Th.A., *Der Tempel von Jerusalem. Von Salomo bis Herodes.* Leiden 1970.

Canby J.V., „The *Stelenreihen* at Assur, Tell Halaf, and *MAṢṢĒBŌT*", in: *Iraq* 38 (1976) 113-128.

Caquot A., „Notes sur le *séméion* et les inscriptions araméennes de Hatra". *Syria* 32 (1955) 59-69.

Chambon A., *Tell el-Farʿah: L'âge du fer.* Paris 1984.

— „Farʿa, Tell el- (North): Late Bronze Age to the Roman Period", in: Stern 1993, 2, 439-440.

Christie's, *Antiquities. New York, Monday, June 14, 1993.* New York 1993.

Clemen C., *Lukian's Schrift über die syrische Göttin.* Der Alte Orient 37,3-4. Leipzig 1938.

Cogan M., *Imperialism and Religion: Assyria, Judah and Israel in the Eighth and Seventh Centuries B.C.E.* Society of Biblical Literature Monograph Series 19. Missoula/MT 1974.

Cohen R./Yisrael Y., *On the Road to Edom. Discoveries from ʿEn Ḥazeva.* Israel Museum Exhibition Catalogue No. 370. Jerusalem 1995.

— „Smashing the Idols", in: *Biblical Archaeology Review* 22/4 (1996) 40-51.

Collon D., *The Seal Impressions from Tell Atchana/Alalakh.* Alter Orient und Altes Testament 27. Kevelaer 1975.

— *The Alalakh Cylinder Seals. A New Catalogue of the Actual Seals Excavated by Sir Leonard Woolley at Tell Atchana, and from Neighbouring Sites on the Syrian-Turkish Border.* BAR International Series 132. Oxford 1982.

— *First Impressions: Cylinder Seals in the Ancient Near East.* London 1987.

Collon D., „Mondgott. B. In der Bildkunst", in: D.O. Edzard, Hg., *Reallexikon der Assyriologie und Vorderasiatischen Archäologie* 8,5-6. Berlin 1995, 371-376.

Contenau G., *La glyptique syro-hittite.* Bibliothèque Archéologique et Historique 2. Paris 1922.

Cornelius I., *The Iconography of the Canaanite Gods Reshef and Ba'al.* Orbis Biblicus et Orientalis 140. Fribourg/Göttingen 1994.

Cornill C.H., *Das Buch des Propheten Ezechiel.* Leipzig 1886.

Crowfoot G. M., „Some Censer Types from Palestine". *Palestine Exploration Quarterly* 72 (1940) 150-153.

Dalman G., *Orte und Wege Jesu.* 3. Aufl., Gütersloh 1924; Nachdruck: Darmstadt 1967.

Delaporte L., *Catalogue des cylindres orientaux et des cachets de la Bibliothèque Nationale,* 2 vols. Paris 1910.

— *Catalogue des cylindres orientaux. Musée du Louvre,* vol. 2. Paris 1923.

— „Intailles orientales au Palais des Arts de la Ville de Lyon", in: *Mélanges syriens offerts à Monsieur René Dussaud II.* Paris 1939, 907-912.

Dever W., „Asherah, Consort of Yahweh? New Evidence from Kuntillet 'Ajrûd". *Bulletin of the American School of Oriental Research* 255 (1984) 21-37.

Dijkstra M., „Goddesses, Gods, Men and Women in Ezekiel 8", in: B. Becking/M. Dijkstra, eds., *On Reading Prophetic Texts. Gender-Specific and Related Studies in Memory of Fokkelien van Dijk-Hemmes.* Biblical Interpretation Series 18. Leiden 1996, 83-114.

Dion P.-E., *Les Araméens à l'âge du fer: histoire politique et structures sociales.* Études Bibliques NS 34. Paris 1997.

Dohmen C., Heisst סֶמֶל „Bild, Statue"?, in: *Zeitschrift für die Alttestamentliche Wissenschaft* 96 (1984) 263-266.

Donner H./Röllig W., *Kanaanäische und aramäische Inschriften I. Texte.* Wiesbaden 1962, 2. Aufl. 1966.

— *Kanaanäische und aramäische Inschriften II. Kommentar.* Wiesbaden 1964.

Drijvers H.J.W., *Iconography of Religions XV,15. The Religion of Palmyra.* Leiden 1976.

Emerton J.A., „‚The High Places of the Gates' in 2 Kings XXIII 8", in: *Vetus Testamentum* 44 (1994) 455-467.

— „The Biblical High Place in the Light of Recent Study", in: *Palestine Exploration Quarterly* 129 (1997) 116-132.

Farber W., „Rituale und Beschwörungen in akkadischer Sprache", in: W. Farber/M. Kümmel/W.H.Ph. Römer, *Rituale und Beschwörungen I*. Texte aus der Umwelt des Alten Testaments II/2. Rituale und Beschwörungen I. Gütersloh 1987.

Février J.G., *La religion des Palmyréniens*. Paris 1931.

Fisher L.R., *Ras Shamra Parallels II*. Analecta Orientalia 50. Rom 1975.

Fowler M.D., „Cultic Continuity at Tirza? A Re-Examination of the Archaeological Evidence". *Palestine Exploration Quarterly* 113 (1981) 27-31.

Frankfort H., *Cylinder Seals. A Documentary Essay on the Art and Religion of the Ancient Near East*. London 1939.

— *The Art and Architecture of the Ancient Orient*. The Pelican History of Art. Hammondsworth 1954, 4. Aufl., 1969.

Fritz V., „Kinneret: Vorbericht über die Ausgrabungen auf dem *Tell el-ʿOrēme* am See Genezaret in den Jahren 1982-1985", in: *Zeitschrift des Deutschen Palästina Vereins* 102 (1986) 1-39.

— *Die Stadt im alten Israel*. München 1990a.

— *Kinneret. Ergebnisse der Ausgrabungen auf dem Tell el-ʿOrēme am See Genesaret 1982-1985*. Wiesbaden 1990b.

— „Chinnereth, Tel", in: Stern 1993, 1, 299-301.

Galling K. „Archäologisch-historische Ergebnisse einer Reise in Syria und Libanon im Spätherbst 1952", in: *Zeitschrift des Deutschen Palä-stina-Vereins* 69 (1953) 180-187.

Gleis M., *Die Bamah*. Beihefte zur Zeitschrift für die alttestamentliche Wissenschaft 251. Berlin/New York 1997.

Graesser, C.F., 1974, „Standing Stones in Ancient Palestine". *The Biblical Archaeologist* 35. 34-65.

Gray J., „The GOREN at the City Gate: Justice and the Royal Office in the Ugaritic Text ʾAqht", in: *Palestine Exploration Quarterly* 85 (1953) 118-123.

— *I & II Kings. A Commentary*. London 1977.

— *Mythologie des Nahen Ostens*. Wiesbaden 1969.

Grayson A.K., *Assyrian Royal Inscriptions*. Vol. II. Wiesbaden 1976.

Güterbock H.G., *Siegel aus Boğazköy II. Die Königssiegel von 1939 und die übrigen Hieroglyphensiegel*. Archiv für Orientforschung. Beiheft 7. Graz 1942. Nachdruck Osnabrück 1967.

Haase R., *Die keilschriftlichen Rechtssammlungen in deutscher Über-setzung*. Wiesbaden 1963.

Hahn J., *Das „Goldene Kalb". Die Jahwe-Verehrung bei Stierbildern in der Geschichte Israels*. Europäische Hochschulschriften. Reihe XXIII. Theologie. Bd. 154. Frankfurt-Bern 1981.

Hall M.G., *A Study of the Sumerian Moon-God, Nanna/Suen*. Philadelphia 1985.

Hawkins J.D., „Building Inscriptions of Carchemish. The Long Wall of Sculpture and Great Staircase", in: *Anatolian Studies* 22 (1972) 87-114.

Herrmann Ch. *Ägyptische Amulette aus Palästina/Israel. Mit einem Ausblick auf ihre Rezeption im Alten Testament*. Orbis Biblicus et Orientalis 138. Freiburg/Schweiz-Göttingen 1994.

Herzog Z., *Das Stadttor in Israel und in den Nachbarländern*. Mainz a.Rh. 1986.

— 1993, „Tel Beersheba", in: Stern 1993, 2, 167-173.

Herzog Z. et al., 1984, „The Israelite Fortress at 'Arad", in: *Bulletin of the American School of Oriental Research* 254, 1-34.

Hoftijzer J./Jongeling K., *Dictionary of the North-West Semitic Inscriptions*. Handbuch der Orientalistik I. Der Nahe und Mittlere Osten 21. 2 Teilbände. Leiden 1995.

Hrouda B., *Die Kulturgeschichte des assyrischen Flachbildes*. Saarbrücker Beiträge zur Altertumskunde 2. Bonn 1965.

Hrozny B., *Inscriptions cunéiformes de Kultépé I*. Prague 1952.

Hunger H., *Astrological Reports to Assyrian Kings*. State Archives of Assyria 8. Helsinki 1992.

Hutter M., „Kultstelen und Baityloi", in: B. Janowski/K. Koch/G. Wilhelm, Hg., *Religionsgeschichtliche Beziehungen zwischen Kleinasien, Nordsyrien und dem Alten Testament. Internationales Symposion Hamburg 17.-21. März 1990*. Orbis Biblicus et Orientalis 129. Freiburg/Schweiz-Göttingen 1993.

Jakob-Rost L. et al., *Museumsinsel Berlin. Das Vorderasiatische Museum*. Mainz a.Rh. 1992.

Karageorghis V./Webb J./Iubsen-Admiraal St., „Kition, Cyprus. Excavations in 1976, 1977". *Journal of Field Archeology 5/78* (1978) 105ff.

Keel O., *Wirkmächtige Siegeszeichen im Alten Testament. Ikonographische Studien zu Jos 8,18-26; Ex 17,8-13; 2 Kön 13,14-19 und 1 Kön 22,11*. Orbis Biblicus et Orientalis 5. Freiburg/Schweiz-Göttingen 1974.

— „Zeichen der Verbundenheit. Zur Vorgeschichte und Bedeutung der Forderungen von Deuteronomium 6,8f. und Par.", in: P. Casetti/O. Keel/A. Schenker, Hgg., *Mélanges Dominique Barthélemy. Études bibliques offertes à l'occasion de son 60e anniversaire*. Orbis Biblicus et Orientalis 38. Freiburg/Schweiz-Göttingen 1981.

Keel O., *Das Recht der Bilder gesehen zu werden. Drei Fallstudien zur Methode der Interpretation altorientalischer Bilder.* Orbis Biblicus et Orientalis 122. Freiburg/Schweiz-Göttingen 1992.

— „Das Mondemblem von Harran auf Stelen und Siegelamuletten und der Kult der nächtlichen Gestirne bei den Aramäern", in: Ders. *Studien zu den Stempelsiegeln aus Palästina/Israel 4.* Orbis Biblicus et Orientalis 135. Freiburg/Schweiz-Göttingen 1994. 135-202.

— *Corpus der Stempelsiegel-Amulette aus Palästina/Israel. Von den Anfängen bis zur Perserzeit. Katalog Band I: Von Tell Abu Farağ bis ʿAtlit.* Orbis Biblicus et Orientalis. Series Archaeologica 13. Freiburg/Schweiz-Göttingen 1997.

— *Goddesses and Trees. New Moon and Yahweh. Two Natural Phenomena in Ancient Near Eastern Art and in the Hebrew Bible.* Journal for the Study of the Old Testament. Supplement Series. Sheffield 1998.

Keel O./Shuval M./Uehlinger Ch., *Studien zu den Stempelsiegeln aus Palästina/Israel 3.* Orbis Biblicus et Orientalis 100. Freiburg/Schweiz-Göttingen 1990.

Keel O./Uehlinger Ch., *Göttinnen, Götter und Gottessymbole. Neue Erkenntnisse zur Religionsgeschichte Kanaans und Israels aufgrund bislang unerschlossener ikonographischer Quellen.* Quaestiones Disputatae 134. Freiburg i. Br. 1992, 4. Aufl. 1998.

Keel-Leu H., *Vorderasiatische Stempelsiegel. Die Sammlung des Biblischen Instituts der Universität Freiburg Schweiz.* Orbis Biblicus et Orientalis 110. Freiburg/Schweiz-Göttingen 1991.

King L.W., *The Annals of the Kings of Assyria I.* London 1902.

Kohlmeyer K., „Drei Stelen mit Sin-Symbolen aus Nordsyrien", in: B. Hrouda/S. Kroll/P.Z. Spanos, Hgg., *Von Uruk nach Tuttul. Eine Festschrift für Eva Strommenger. Studien und Aufsätze von Kollegen und Freunden.* Münchner Vorderasiatische Studien 12. München 1992, 91-100.

Krebernik M./Seidl U., „Ein Schildbeschlag mit Bukranion und alphabetischer Inschrift", in: *Zeitschrift für Assyriologie* 87,1 (1997) 101-111.

Laroche E., *Les hiéroglyphes hittites. Première partie. L'écriture.* Paris 1960.

Legrain L., *Ur Excavations X. Seal Cylinders.* Oxford 1951.

Loud G., *Megiddo II: Seasons of 1935-39.* 2 vols. The University of Chicago Oriental Institute Publications 62. Chicago 1948.

von Luschan F., *Ausgrabungen in Sendschirli I.* Berlin 1893.

von Luschan F., siehe Andrae W.

Macalister R.A.S., *The Excavation of Gezer. 1902-1905 and 1907-1909.* 3 vols. London 1912.

Magen U., *Assyrische Königsdarstellungen; Aspekte der Herrschaft. Eine Typologie.* Baghdader Forschungen 9. Mainz 1986.

Matthiae P., „Die Kunst Syriens", in: W. Orthmann, Hg., *Der Alte Orient.* Propyläen Kunstgeschichte 14. Berlin 1975, 466-493.

— „L'aire sacrée d'Ishtar à Ebla: Résultats des fouilles de 1990-1992", in: *Académie des Inscriptions & Belles-Lettres. Comptes Rendus des Séances de l'Année 1993* (juillet-octobre), 613-662.

— „A Stele Fragment of Hadad from Ebla", in: M. J. Mellink, Edith Porada, Tahsin Özgüç, eds., *Aspects of Art and Iconography: Anatolia and its Neighbors.* Ankara 1993a, 389-397.

Maxwell-Hyslop K.R., *Western Asiatic Jewellery c. 3000-612 B.C.* London 1971.

Mazar A., *Archaeology of the Land of the Bible 10,000-586 B.C.E.* Revidierte und erweiterte Auflage, New York 1992.

Meriggi P., *Manuale di eteo geroglifico. Parte II.* Roma 1975.

Meshel Z., *Kuntillet ʿAjrud. A Religious Centre from the Time of the Judaean Monarchy on the Border of Sinai.* Israel Museum Catalogue No. 175, Jerusalem 1978.

— „Kuntillet ʿAjrud", in: D.N. Freedman, ed., *The Anchor Bible Dictionary* IV. New York-London-Toronto 1992.

— „Teman, Ḥorvat", in: Stern 1993, 4, 1458-1464.

Mettinger T.N.D., *No Graven Image? Israelite Aniconism in Its Ancient Near Eastern Setting.* Coniectanea Biblica. Old Testament Series 42. Stockholm 1995.

Meyer G.R., *Altorientalische Denkmäler im Vorderasiatischen Museum zu Berlin.* Leipzig 1965.

Misch-Brandl O., *New Antiquities. Recent Discoveries from Archaeological Excavations in Israel.* Israel Museum Catalogue No. 402. Jerusalem 1997.

Moortgart A., *Vorderasiatische Rollsiegel. Ein Beitrag zur Geschichte der Steinschneidekunst.* Berlin 1940.

— „Die Ohrringe der Assyrer", in: *Archiv für Orientforschung* 4 (1927) 185-206.

Müller H.-P., „Phönizische Votiv- und Grabinschriften aus Zypern", in: Ch. Butterweck/D. Conrad/W.C. Delsman et al., *Texte aus der Umwelt des Alten Testaments. Band II. Lieferung 4. Religiöse Texte. Grab-, Sarg-, Votiv- und Bauinschriften.* Gütersloh 1988.

Müller-Winkler C., *Die ägyptischen Objekt-Amulette. Mit Publikation der Sammlung des Biblischen Instituts der Universität Freiburg/Schweiz, ehemals Sammlung Fouad S. Matouk*. Orbis Biblicus et Orientalis. Series Archaeologica 5. Freiburg/Schweiz-Göttingen 1987.

Negahban E.O., *Marlik. The Complete Excavation Report*. University Museum Monographs 87. Philadelphia 1996.

Nielsen K., *Incense in Ancient Israel*. Vetus Testamentum, Suppl. 38. Leiden 1986.

Oden R.A., *Studies in Lucian's De Dea Syria*. Harvard Semitic Monographs 15. Missoula/MT 1977.

Ornan T., „The Mesopotamian Influence on West Semitic Inscribed Seals", in: Sass/Uehlinger 1993, 52-73.

Orthmann W., *Untersuchungen zur späthethitischen Kunst*. Saarbrücker Beiträge zur Altertumskunde 8. Bonn 1971.

von der Osten H.H., *Ancient Oriental Seals in the Collection of Mr. Edward T. Newell*. Oriental Institute Publications 22. Chicago 1934.

— *Ancient Oriental Seals in the Collection of Mrs. Agnes Baldwin Brett*. Oriental Institute Publications 37. Chicago 1936.

— *Altorientalische Siegelsteine der Sammlung Hans Silvius von Aulock*. Studia Ethnographica Upsaliensia 13. Uppsala 1957.

Otto E., *ša'ar*, in: H.J. Fabry/H. Ringgren, Hg., *Theologisches Wörterbuch zum Alten Testament Bd. VIII,1-4*. Stuttgart 1994. 358-403.

Özgüç T. und N., *Ausgrabungen in Kültepe 1949*, Ankara 1953.

Parayre D., „Notes sur la glyptique de Tell Leilan à l'époque paléo-babylonienne", in: D. Charpin/F. Joannès, éds., *Marchands, diplomates et empereurs. Etudes sur la civilisation mésopotamienne offertes à Paul Garelli*. Paris 1991.

Parpola S., *Letters from Assyrian and Babylonian Scholars*. State Archives of Assyria 10. Helsinki 1993.

Pohlmann K.-F., *Das Buch des Propheten Hesekiel (Ezechiel) Kapitel 1-19*. Altes Testament Deutsch 22/1. Göttingen 1996.

Porada E., *Corpus of Ancient Near Eastern Seals in North American Collections*. 2 vols. Washington 1948.

— „Syrian Seal Impressions on Tablets Dated in the Time of Hammurabi and Samsu-iluna", in: *Journal of Near Eastern Studies* 16 (1957) 192-197.

Pritchard J. B., „On the Use of the Tripod Cup"., in: C.F.A. Schaeffer, éd., *Ugaritica VI*. Paris 1969, 427-437.

— *Sarepta. A Preliminary Report on the Iron Age*, Philadelphia 1975.

Priuli A., *Incisioni rupestri della Val Camonica*. Quaderni di cultura alpina. Ivrea 1985.

Renz J., *Die althebräischen Inschriften. Teil 1. Text und Kommentar.* *Handbuch der althebräischen Epigraphik* I. Darmstadt 1995.

Reich R./Brandl B., „Gezer under Assyrian Rule", in: *Palestine Exploration Quarterly* 117 (1985) 41-54.

Robinson E., *Biblical Researches in Palestine and the Adjacent Regions. A Journal of Travels in the Years 1838 & 1852 Drawn up from the Original Diaries, with Historical Illustrations.* 3 vols. Boston 1856, Reprint Jerusalem 1970.

Roeder G., *Ägyptische Bronzefiguren.* Staatliche Museen zu Berlin. Mitteilungen aus der ägyptischen Sammlung 6. Berlin 1956.

Röllig W., „Assur – Geißel der Völker: Zur Typologie aggressiver Gesellschaften". *Saeculum* 37 (1986) 116-128.

Röllig W. s. Donner H.

Ronzevalle P.S., „Notes et études d'archéologie orientale: Jupiter Héliopolitain, nova et vetera". *Mélanges de l'Université Saint Joseph* 21,1 (1937/1938) 1-181.

Rummel St., *Ras Shamra Parallels III.* Analecta Orientalia 51, Roma 1981.

Sass B. s. Avigad N.

Sass B./Uehlinger Ch., eds., *Studies in the Iconography of Northwest Semitic Seals. Proceedings of a Symposion Held in Fribourg on April 17-20, 1991.* Orbis Biblicus et Orientalis 125. Freiburg/Schweiz-Göttingen 1993.

Schachermeyr F., „Hörnerhelme und Federkronen als Kopfbedeckung bei den ‚Seevölkern' der ägyptischen Reliefs", in: C.F.A. Schaeffer, éd., *Ugaritica VI.* Paris 1969, 450-459.

Schroer S., *In Israel gab es Bilder. Nachrichten von darstellender Kunst im Alten Testament.* Orbis Biblicus et Orientalis 74. Freiburg/Schweiz-Göttingen 1987.

Schumacher G. „Unsere Arbeiten im Ostjordanlande". *Zeitschrift des Deutschen Palästina-Vereins* 27 (1914) 123-134.

Seidl U., *Die babylonischen Kudurru-Reliefs. Symbole mesopotamischer Gottheiten.* Orbis Biblicus et Orientalis 87. Freiburg/Schweiz-Göttingen 1989.

Seyrig H. „Antiquités syriennes: Nr. 69. Deux reliquaires", in: *Syria* 36 (1959) 43-48.

— „Antiquités syriennes: Nr. 72. Bas-relief palmyrénien dédié au soleil", in: *Syria* 36 (1959) 58-60.

— „Antiquités syriennes: Nr. 78. Les dieux de Hiérapolis", in: *Syria* 37 (1960) 234-241.

— „Antiquités syriennes: Nr. 89. Les dieux armés et les Arabes en Syrie", in: *Syria* 47 (1970) 77-112.

von Soden W., *Akkadisches Handwörterbuch II*. Wiesbaden 1966.

Stager L.E./Wolff S.R., „Production and Commerce in Temple Courtyards: An Olive Press in the Sacred Precinct of Tell Dan", in: *Bulletin of the American Schools of Oriental Research* 243 (1981) 95-102.

Starr R.F.S., *Nuzi. Report on the Excavations at Yorgan Tepa near Kirkuk, Iraq. Conducted by Harvard University in Conjunction with the American Schools of Oriental Research and the University Museum of Philadelphia*. Cambridge, Mass. 1939.

Stern E., ed., *The New Encyclopedia of Archaeological Excavations in the Holy Land*. 4 Vols. Jerusalem 1993.

Stol M., *Zwangerschap en geboorte bij de Babyloniers en in de Bijbel. Met een hoofdstuk van F.A.M. Wiggermann*. Leiden 1983.

Tadmor H., „The Historical Inscriptions of Adad-nirari III", in: *Iraq* 35 (1973) 141-150.

Tallqvist K.L., *Akkadische Götterepitheta*. Studia Orientalia. Edidit Societas Orientalis Fennica VII. Helsinki 1938. Nachdruck: Hildesheim 1974.

Teissier B., *Egyptian Iconography on Syro-Palestinian Cylinder Seals of the Middle Bronze Age*. Orbis Biblicus et Orientalis. Series Archaeologica 11. Freiburg/Schweiz-Göttingen 1996.

Teixidor J., *The Pantheon of Palmyra*. Études Préliminaires aux Religions Orientales dans l'Empire Romain 79. Leiden 1979.

Tropper J., *Die Inschriften von Zincirli*. Abhandlungen zur Literatur Alt-Syrien-Palästinas 6. Münster 1993.

Uehlinger Ch., „*Figurative Policy*, Propaganda und Prophetie", in: J.A. Emerton, ed., *Congress Volume, Cambridge 1995*. Vetus Testamentum Supplement 66. Leiden 1997, 297-349.

Uehlinger Ch. s. Keel O.

Uehlinger Ch. s. Sass B.

Unger E., *Reliefstele Adadniraris III. aus Saba'a und Semiramis*. Publikationen der Kaiserlich Osmanischen Museen 2. Konstantinopel 1916.

Ussishkin D., „Was the ‚Solomonic' City Gate at Megiddo Built by King Solomon?", in: *Bulletin of the American Schools of Oriental Research* 239 (1980) 1-18.

— *The Conquest of Lachish by Sennacherib*. Tel Aviv University Publications of the Institute of Archaeology 6. Tel Aviv 1982.

Vanel A., *L'iconographie du dieu de l'orage dans le Proche-Orient ancien jusqu'au VIIe siècle avant J.-C.* Paris 1965.

de Vaux, R., „La troisième campagne de fouilles à T. el-Fârʿah, près Naplouse, in:" *Revue Biblique* 58 (1951) 393-430. 566-590.

— „Les fouilles de Tell el-Fârʿah près Naplouse". in: *Revue Biblique* 62 (1955) 541-589.

— „Farʿah, Tell el- (North): Identification and History", in Stern, 1993, 2, 433.

Veldhuis N., *A Cow of Sîn*. Library of Oriental Texts 2. Groningen 1991.

Vogt E., *Untersuchungen zum Buch Ezechiel*. Analecta Biblica 95. Rom 1981.

Voos J., „Zur kultischen Funktion von Toranlagen nach hethitischen und aramäischen Quellen", in: B. Brentjes, Hg., *Probleme der Architektur des Orients. Wissenschaftliche Beiträge der Martin-Luther-Universität Halle-Wittenberg* 26 (I 21). Halle (Saale) 1983, 149-157.

— „Zu einigen späthethitischen Reliefs aus den Beständen des Vorderasiatischen Museums Berlin", in: *Altorientalische Forschungen* 12 (1985) 65-86.

— „Studien zur Rolle von Statuen und Reliefs im syrohethitischen Totenkult während der frühen Eisenzeit (etwa 10.-7. Jh. v.u.Z.)". *Ethnographisch-Archäologische Zeitschrift* 29 (1988) 347-362.

Weinfeld M., „Kuntillet ʿAjrud Inscriptions and their Significance", in: *Studi Epigrafici e Linguistici* 1 (1978) 121-130.

Weippert H., *Palästina in vorhellenistischer Zeit*. Handbuch der Archäologie: Vorderasien II,1, München 1988.

Weippert M., „Gott und Stier: Bemerkungen zu einer Terrakotte aus *Yāfā*", in: *Zeitschrift des Deutschen Palästina-Vereins* 77 (1961) 93-117 = Ders., *Jahwe und die Götter*. Forschungen zum Alten Testament 18. Tübingen 1997, 45-70.

Werner R., *Kleine Einführung ins Hieroglyphen-Luwische*. Orbis Biblicus et Orientalis 106. Freiburg/Schweiz-Göttingen 1991.

Whitney J.T., „'Bamoth' in the Old Testament". *Tyndale Bulletin* 30 (1979) 125-147.

Wightman G.J., „Megiddo VIA-III: Associated Structure and Chronology". *Levant* 17 (1985) 117-129.

Wilkinson R.H., *Reading Egyptian Art. A Hieroglyphic Guide to Ancient Egyptian Painting and Sculpture*. London 1992.

Winter U., *Frau und Göttin: Exegetische und ikonographische Studien zum weiblichen Gottesbild im Alten Israel und in dessen Umwelt*. Orbis Biblicus et Orientalis 53. Freiburg/Schweiz-Göttingen 1983. 2. Aufl. 1987.

Woolley L., *Carchemish. Report on the Excavations at Jerablus II. The Town Defences*. London 1921, Reprint 1969.

— *Ur Excavations II. The Royal Cemetery. 2 Vols.* London-Philadelphia 1934.

Woolley L., *Carchemish. Report on the Excavations at Jerablus III*. London 1952.

Würthwein E., *Die Bücher der Könige. 1. Kön. 17-2. Kön. 25.* Das Alte Testament Deutsch 11,2. Göttingen 1984.

Yadin Y., „Symbols of Deities at Zinjirli, Carthage and Hazor", in: J.A. Sanders (ed.), *Near Eastern Archaeology in the Twentieth Century. Essays in Honour of Nelson Glueck*. Garden City, N.Y. 1970, 199-231.

— „Beer-sheba: The High Place Destroyed by King Josiah", in: *Bulletin of the American Schools of Oriental Research* 222 (1976) 5-17.

Yadin Y. et al., *Hazor III-IV. Plates*. Jerusalem 1961.

Zimmerli W., *Ezechiel*. Biblischer Kommentar. Altes Testament XIII/1-2. Neukirchen-Vluyn 1969.

Zwickel W., *Räucherkult und Räuchergeräte: Exegetische und archäologische Studien zum Räucheropfer im Alten Testament*. Orbis Biblicus et Orientalis 97. Freiburg/Schweiz-Göttingen 1990.

— *Der Tempelkult in Kanaan und Israel: Studien zur Kultgeschichte Palästinas von der Mittelbronzezeit bis zum Untergang Judas*. Forschungen zum Alten Testament 10. Tübingen 1994.

— „Kulthöhe", in: B. Lang/M. Görg, Hg., *Neues Bibel-Lexikon* II (1995) 562-564.

Bd. 25/1a   MICHAEL LATTKE: *Die Oden Salomos in ihrer Bedeutung für Neues Testament und Gnosis.* Band Ia. Der syrische Text der Edition in Estrangela Faksimile des griechischen Papyrus Bodmer XI. 68 Seiten. 1980.

Bd. 25/2   MICHAEL LATTKE: *Die Oden Salomos in ihrer Bedeutung für Neues Testament und Gnosis.* Band II. Vollständige Wortkonkordanz zur handschriftlichen, griechischen, koptischen, lateinischen und syrischen Überlieferung der Oden Salomos. Mit einem Faksimile des Kodex N. XVI–201 Seiten. 1979.

Bd. 25/3   MICHAEL LATTKE: *Die Oden Salomos in ihrer Bedeutung für Neues Testament und Gnosis.* Band III. XXXIV–478 Seiten. 1986.

Bd. 25/4   MICHAEL LATTKE: *Die Oden Salomos in ihrer Bedeutung für Neues Testament und Gnosis.* Band IV. XII–284 Seiten. 1998.

Bd. 46   ERIK HORNUNG: *Der ägyptische Mythos von der Himmelskuh.* Eine Ätiologie des Unvollkommenen. Unter Mitarbeit von Andreas Brodbeck, Hermann Schlögl und Elisabeth Staehelin und mit einem Beitrag von Gerhard Fecht. XII–129 Seiten, 10 Abbildungen. 1991. Dritte Auflage.

Bd. 50/1   DOMINIQUE BARTHÉLEMY: *Critique textuelle de l'Ancien Testament.* 1. Josué, Juges, Ruth, Samuel, Rois, Chroniques, Esdras, Néhémie, Esther. Rapport final du Comité pour l'analyse textuelle de l'Ancien Testament hébreu institué par l'Alliance Biblique Universelle, établi en coopération avec Alexander R. Hulst †, Norbert Lohfink, William D. McHardy, H. Peter Rüger, coéditeur, James A. Sanders, coéditeur. 812 pages. 1982.

Bd. 50/2   DOMINIQUE BARTHÉLEMY: *Critique textuelle de l'Ancien Testament.* 2. Isaïe, Jérémie, Lamentations. Rapport final du Comité pour l'analyse textuelle de l'Ancien Testament hébreu institué par l'Alliance Biblique Universelle, établi en coopération avec Alexander R. Hulst †, Norbert Lohfink, William D. McHardy, H. Peter Rüger, coéditeur, James A. Sanders, coéditeur. 1112 pages. 1986.

Bd. 50/3   DOMINIQUE BARTHÉLEMY: *Critique textuelle de l'Ancien Testament.* Tome 3. Ezéchiel, Daniel et les 12 Prophètes. Rapport final du Comité pour l'analyse textuelle de l'Ancien Testament hébreu institué par l'Alliance Biblique Universelle, établi en coopération avec Alexander R. Hulst †, Norbert Lohfink, William D. McHardy, H. Peter Rügert †, coéditeur, James A. Sanders, coéditeur. 1424 pages. 1992.

Bd. 53   URS WINTER: *Frau und Göttin.* Exegetische und ikonographische Studien zum weiblichen Gottesbild im Alten Israel und in dessen Umwelt. XVIII–928 Seiten, 520 Abbildungen.1983. 2. Auflage 1987. Mit einem Nachwort zur 2. Auflage.

Bd. 55   PETER FREI / KLAUS KOCH: *Reichsidee und Reichsorganisation im Perserreich.* 352 Seiten, 17 Abbildungen. 1996. Zweite, bearbeitete und erweiterte Auflage.

Bd. 67   OTHMAR KEEL / SILVIA SCHROER: *Studien zu den Stempelsiegeln aus Palästina/Israel.* Band I. 115 Seiten, 103 Abbildungen. 1985.

Bd. 71   HANS-PETER MATHYS: *Liebe deinen Nächsten wie dich selbst.* Untersuchungen zum alttestamentlichen Gebot der Nächstenliebe (Lev 19,18). XII–204 Seiten. 1986. 2. verbesserte Auflage 1990.

Bd. 76 JOŽE KRAŠOVEC: *La justice (Ṣdq) de Dieu dans la Bible hébraïque et l'interprétation juive* et *chrétienne*. 456 pages. 1988.

Bd. 77 HELMUT UTZSCHNEIDER: *Das Heiligtum und das Gesetz*. Studien zur Bedeutung der sinaitischen Heiligtumstexte (Ez 25-40; Lev 8-9). XIV–326 Seiten. 1988.

Bd. 78 BERNARD GOSSE: *Isaie 13,1-14,23*. Dans la tradition littéraire du livre d'Isaïe et dans la tradition des oracles contre les nations. 308 pages. 1988.

Bd. 79 INKE W. SCHUMACHER: *Der Gott Sopdu – Der Herr der Fremdländer*. XV1–364 Seiten, 6 Abbildungen. 1988.

Bd. 80 HELLMUT BRUNNER: *Das hörende Herz*. Kleine Schriften zur Religions- und Geistesgeschichte Ägyptens. Herausgegeben von Wolfgang Röllig. 449 Seiten, 55 Abbildungen. 1988.

Bd. 81 WALTER BEYERLIN: *Bleilot, Brecheisen oder was sonst?* Revision einer Amos-Vision. 68 Seiten. 1988.

Bd. 82 MANFRED HUTTER: *Behexung, Entsühnung und Heilung*. Das Ritual der Tuunawiya für ein Königspaar aus mittelhethitischer Zeit (KBo XXI 1 – KUB IX 34 – KBo XXI 6). 186 Seiten. 1988.

Bd. 83 RAPHAEL GIVEON: *Scarabs from Recent Excavations in Israel*. 114 pages with numerous illustrations and 9 plates. 1988.

Bd. 84 MIRIAM LICHTHEIM: *Ancient Egyptian Autobiographies chiefly of the Middle Kingdom*. A Study and an Anthology. 200 pages, 10 pages with illustrations. 1988.

Bd. 85 ECKART OTTO: *Rechtsgeschichte der Redaktionen im Kodex Ešnunna und im «Bundesbuch»*. Eine redaktionsgeschichtliche und rechtsvergleichende Studie zu altbabylonischen und altisraelitischen Rechtsüberlieferungen. 220 Seiten. 1989.

Bd. 86 ANDRZEJ NIWIŃSKI: *Studies on the Illustrated Theban Funerary Papyri of the 11th and 10th Centuries B.C.* 488 pages, 80 plates. 1989.

Bd. 87 URSULA SEIDL: *Die babylonischen Kudurru-Reliefs*. Symbole mesopotamischer Gottheiten. 236 Seiten, 33 Tafeln und 2 Tabellen. 1989.

Bd. 88 OTHMAR KEEL / HILDI KEEL-LEU / SILVIA SCHROER: *Studien zu den Stempelsiegeln aus Palästina/Israel*. Band II. 364 Seiten, 652 Abbildungen. 1989.

Bd. 89 FRIEDRICH ABITZ: *Baugeschichte und Dekoration des Grabes Ramses' VI*. 202 Seiten, 39 Abbildungen. 1989.

Bd. 90 JOSEPH HENNINGER SVD: *Arabica varia*. Aufsätze zur Kulturgeschichte Arabiens und seiner Randgebiete. Contributions à l'histoire culturelle de l'Arabie et de ses régions limitrophes. 504 pages. 1989.

Bd. 91 GEORG FISCHER: *Jahwe unser Gott*. Sprache, Aufbau und Erzähltechnik in der Berufung des Mose (Ex. 3-4). 276 Seiten. 1989.

Bd. 92 MARK A. O'BRIEN: *The Deuteronomistic History Hypothesis*. A Reassessment. 340 pages. 1989.

Bd. 93 WALTER BEYERLIN: *Reflexe der Amosvisionen im Jeremiabuch*. 120 Seiten. 1989.

Bd. 94 ENZO CORTESE: *Josua 13–21*. Ein priesterschriftlicher Abschnitt im deuteronomistischen Geschichtswerk. 136 Seiten. 1990.

Bd. 96 ANDRÉ WIESE: *Zum Bild des Königs auf ägyptischen Siegelamuletten*. 264 Seiten mit zahlreichen Abbildungen im Text und 32 Tafeln. 1990.

Bd. 97   WOLFGANG ZWICKEL: *Räucherkult und Räuchergeräte*. Exegetische und archäologische Studien zum Räucheropfer im Alten Testament. 372 Seiten. Mit zahlreichen Abbildungen im Text. 1990.

Bd. 98   AARON SCHART: *Mose und Israel im Konflikt*. Eine redaktionsgeschichtliche Studie zu den Wüstenerzählungen. 296 Seiten. 1990.

Bd. 99   THOMAS RÖMER: *Israels Väter*. Untersuchungen zur Väterthematik im Deuteronomium und in der deuteronomistischen Tradition. 664 Seiten. 1990.

Bd. 100   OTHMAR KEEL / MENAKHEM SHUVAL / CHRISTOPH UEHLINGER: *Studien zu den Stempelsiegeln aus Palästina / Israel* Band III. Die Frühe Eisenzeit. Ein Workshop. XIV–456 Seiten. Mit zahlreichen Abbildungen im Text und 22 Tafeln. 1990.

Bd. 101   CHRISTOPH UEHLINGER: *Weltreich und «eine Rede»*. Eine neue Deutung der sogenannten Turmbauerzählung (Gen 11,1–9). XVI–654 Seiten.1990.

Bd. 102   BENJAMIN SASS: *Studia Alphabetica*. On the Origin and Early History of the Northwest Semitic, South Semitic and Greek Alphabets. X–120 pages. 16 pages with illustrations. 2 tables. 1991.

Bd. 103   ADRIAN SCHENKER: *Text und Sinn im Alten Testament*. Textgeschichtliche und bibeltheologische Studien. VIII–312 Seiten. 1991.

Bd. 104   DANIEL BODI: *The Book of Ezekiel and the Poem of Erra*. IV–332 pages. 1991.

Bd. 105   YUICHI OSUMI: *Die Kompositionsgeschichte des Bundesbuches Exodus 20,22b–23,33*. XII–284 Seiten. 1991.

Bd. 106   RUDOLF WERNER: *Kleine Einführung ins Hieroglyphen-Luwische*. XII–112 Seiten. 1991.

Bd. 107   THOMAS STAUBLI: *Das Image der Nomaden im Alten Israel und in der Ikonographie seiner sesshaften Nachbarn*. XII–408 Seiten. 145 Abb. und 3 Falttafeln. 1991.

Bd. 108   MOSHÉ ANBAR: *Les tribus amurrites de Mari*. VIII–256 pages. 1991.

Bd. 109   GÉRARD J. NORTON / STEPHEN PISANO (eds.): *Tradition of the Text*. Studies offered to Dominique Barthélemy in Celebration of his 70th Birthday. 336 pages. 1991.

Bd. 110   HILDI KEEL-LEU: *Vorderasiatische Stempelsiegel*. Die Sammlung des Biblischen Instituts der Universität Freiburg Schweiz. 180 Seiten. 24 Tafeln. 1991.

Bd. 111   NORBERT LOHFINK: *Die Väter Israels im Deuteronomium*. Mit einer Stellungnahme von Thomas Römer. 152 Seiten. 1991.

Bd. 113   CHARLES MAYSTRE: *Les grands prêtres de Ptah de Memphis*. XIV–474 pages, 2 planches. 1992.

Bd. 114   THOMAS SCHNEIDER: *Asiatische Personennamen in ägyptischen Quellen des Neuen Reiches*. 480 Seiten. 1992.

Bd. 115   ECKHARD VON NORDHEIM: *Die Selbstbehauptung Israels in der Welt des Alten Orients*. Religionsgeschichtlicher Vergleich anhand von Gen 15/22/28, dem Aufenthalt Israels in Ägypten, 2 Sam 7, 1 Kön 19 und Psalm 104. 240 Seiten. 1992.

Bd. 116   DONALD M. MATTHEWS: *The Kassite Glyptic of Nippur*. 208 pages, 210 figures. 1992.

Bd. 117   FIONA V. RICHARDS: *Scarab Seals from a Middle to Late Bronze Age Tomb at Pella in Jordan*. XII–152 pages, 16 plates. 1992.

Bd. 118   YOHANAN GOLDMAN: *Prophétie et royauté au retour de l'exil*. Les origines littéraires de la forme massorétique du livre de Jérémie. XIV–270 pages. 1992.

Bd. 119 THOMAS M. KRAPF: *Die Priesterschrift und die vorexilische Zeit.* Yehezkel Kaufmanns vernachlässigter Beitrag zur Geschichte der biblischen Religion. XX–364 Seiten. 1992.

Bd. 120 MIRIAM LICHTHEIM: *Maat in Egyptian Autobiographies and Related Studies.* 236 pages, 8 plates. 1992.

Bd. 121 ULRICH HÜBNER: *Spiele und Spielzeug im antiken Palästina.* 256 Seiten. 58 Abbildungen. 1992.

Bd. 122 OTHMAR KEEL: *Das Recht der Bilder, gesehen zu werden.* Drei Fallstudien zur Methode der Interpretation altorientalischer Bilder. 332 Seiten, 286 Abbildungen. 1992.

Bd. 123 WOLFGANG ZWICKEL (Hrsg.): *Biblische Welten.* Festschrift für Martin Metzger zu seinem 65. Geburtstag. 268 Seiten, 19 Abbildungen. 1993.

Bd. 125 BENJAMIN SASS / CHRISTOPH UEHLINGER (eds.): *Studies in the Iconography of Northwest Semitic Inscribed Seals.* Proceedings of a symposium held in Fribourg on April 17–20, 1991. 368 pages, 532 illustrations. 1993.

Bd. 126 RÜDIGER BARTELMUS / THOMAS KRÜGER / HELMUT UTZSCHNEIDER (Hrsg.): *Konsequente Traditionsgeschichte.* Festschrift für Klaus Baltzer zum 65. Geburtstag. 418 Seiten. 1993.

Bd. 127 ASKOLD I. IVANTCHIK: *Les Cimmériens au Proche-Orient.* 336 pages. 1993.

Bd. 128 JENS VOSS: *Die Menora.* Gestalt und Funktion des Leuchters im Tempel zu Jerusalem. 124 Seiten. 1993.

Bd. 129 BERND JANOWSKI / KLAUS KOCH / GERNOT WILHELM (Hrsg.): *Religionsgeschichtliche Beziehungen zwischen Kleinasien, Nordsyrien und dem Alten Testament.* Internationales Symposion Hamburg 17.–21. März 1990. 572 Seiten. 1993.

Bd. 130 NILI SHUPAK: *Where can Wisdom be found?* The Sage's Language in the Bible and in Ancient Egyptian Literature. XXXII–516 pages. 1993.

Bd. 131 WALTER BURKERT / FRITZ STOLZ (Hrsg.): *Hymnen der Alten Welt im Kulturvergleich.* 134 Seiten. 1994.

Bd. 132 HANS-PETER MATHYS: *Dichter und Beter.* Theologen aus spätalttestamentlicher Zeit. 392 Seiten. 1994.

Bd. 133 REINHARD G. LEHMANN: *Friedrich Delitzsch und der Babel-Bibel-Streit.* 472 Seiten, 13 Tafeln. 1994.

Bd. 135 OTHMAR KEEL: *Studien zu den Stempelsiegeln aus Palästina/Israel.* Band IV. Mit Registern zu den Bänden I–IV. XII–340 Seiten mit Abbildungen, 24 Seiten Tafeln. 1994.

Bd. 136 HERMANN-JOSEF STIPP: *Das masoretische und alexandrinische Sondergut des Jeremiabuches.* Textgeschichtlicher Rang, Eigenarten, Triebkräfte. VII–196 Seiten. 1994.

Bd. 137 PETER ESCHWEILER: *Bildzauber im alten Ägypten.* Die Verwendung von Bildern und Gegenständen in magischen Handlungen nach den Texten des Mittleren und Neuen Reiches. X–380 Seiten, 28 Seiten Tafeln. 1994.

Bd. 138 CHRISTIAN HERRMANN: *Ägyptische Amulette aus Palästina/Israel.* Mit einem Ausblick auf ihre Rezeption durch das Alte Testament. XXIV–1000 Seiten, 70 Seiten Bildtafeln. 1994.

Bd. 140   IZAK CORNELIUS: *The Iconography of the Canaanite Gods Reshef and Baʿal*. Late Bronze and Iron Age I Periods (c 1500 – 1000 BCE). XII–326 pages with illustrations, 56 plates. 1994.

Bd. 141   JOACHIM FRIEDRICH QUACK: *Die Lehren des Ani*. Ein neuägyptischer Weisheitstext in seinem kulturellen Umfeld. X–344 Seiten, 2 Bildtafeln. 1994.

Bd. 142   ORLY GOLDWASSER: *From Icon to Metaphor*. Studies in the Semiotics of the Hieroglyphs. X–194 pages. 1995.

Bd. 143   KLAUS BIEBERSTEIN: *Josua-Jordan-Jericho*. Archäologie, Geschichte und Theologie der Landnahmeerzählungen Josua 1-6. XII–494 Seiten. 1995.

Bd. 144   CHRISTL MAIER: *Die «fremde Frau» in Proverbien 1-9*. Eine exegetische und sozialgeschichtliche Studie. XII–304 Seiten. 1995.

Bd. 145   HANS ULRICH STEYMANS: *Deuteronomium 28 und die* adê *zur Thronfolgeregelung Asarhaddons*. Segen und Fluch im Alten Orient und in Israel. XII–436 Seiten. 1995.

Bd. 146   FRIEDRICH ABITZ: *Pharao als Gott in den Unterweltsbüchern des Neuen Reiches*. VIII–228 Seiten. 1995.

Bd. 147   GILLES ROULIN: *Le Livre de la Nuit. Une composition égyptienne de l'au-delà*. Iʳᵉ partie: traduction et commentaire. XX–420 pages. IIᵉ partie: copie synoptique. X–169 pages, 21 planches. 1996.

Bd. 148   MANUEL BACHMANN: *Die strukturalistische Artefakt- und Kunstanalyse*. Exposition der Grundlagen anhand der vorderorientalischen, ägyptischen und griechischen Kunst. 88 Seiten mit 40 Abbildungen. 1996.

Bd. 150   ELISABETH STAEHELIN / BERTRAND JAEGER (Hrsg.): *Ägypten-Bilder*. Akten des «Symposions zur Ägypten-Rezeption», Augst bei Basel, vom 9.–11. September 1993. 384 Seiten Text, 108 Seiten mit Abbildungen. 1997.

Bd. 151   DAVID A. WARBURTON: *State and Economy in Ancient Egypt*. Fiscal Vocabulary of the New Kingdom. 392 pages. 1996.

Bd. 152   FRANÇOIS ROSSIER SM: *L'intercession entre les hommes dans la Bible hébraïque*. L'intercession entre les hommes aux origines de l'intercession auprès de Dieu. 408 pages. 1996.

Bd. 153   REINHARD GREGOR KRATZ / THOMAS KRÜGER (Hrsg.): *Rezeption und Auslegung im Alten Testament und in seinem Umfeld*. Ein Symposion aus Anlass des 60. Geburtstags von Odil Hannes Steck. 148 Seiten. 1997.

Bd. 154   ERICH BOSSHARD-NEPUSTIL: *Rezeptionen von Jesaja 1–39 im Zwölfprophetenbuch*. Untersuchungen zur literarischen Verbindung von Prophetenbüchern in babylonischer und persischer Zeit. XIV–534 Seiten. 1997.

Bd. 155   MIRIAM LICHTHEIM: *Moral Values in Ancient Egypt*. 136 pages. 1997.

Bd. 156   ANDREAS WAGNER (Hrsg.): *Studien zur hebräischen Grammatik*. VIII–212 Seiten. 1997.

Bd. 157   OLIVIER ARTUS: *Etudes sur le livre des Nombres*. Récit, Histoire et Loi en Nb 13,1–20,13. X-310 pages. 1997.

Bd. 158   DIETER BÖHLER: *Die heilige Stadt in Esdras α und Esra-Nehemia*. Zwei Konzeptionen der Wiederherstellung Israels. XIV-464 Seiten. 1997.

Bd. 159   WOLFGANG OSWALD: *Israel am Gottesberg.* Eine Untersuchung zur Literargeschichte der vorderen Sinaiperikope Ex 19–24 und deren historischem Hintergrund. X–300 Seiten. 1998.

Bd. 160/1 JOSEF BAUER – ROBERT K. ENGLUND – MANFRED KREBERNIK: *Mesopotamien, Späturuk-Zeit und Frühdynastische Zeit.* Annäherungen 1. Herausgegeben von Pascal Attinger und Markus Wäfler. 640 Seiten. 1998.

Weitere Informationen zur Reihe OBO: http://www.unifr.ch/bif/obo/obo.html

UNIVERSITÄTSVERLAG FREIBURG SCHWEIZ
ÉDITIONS UNIVERSITAIRES FRIBOURG SUISSE

BIBLISCHES INSTITUT DER UNIVERSITÄT FREIBURG SCHWEIZ

Nachdem Sie das Diplom oder Lizentiat in Theologie, Bibelwissenschaft, Altertumskunde Palästinas/ Israels, Vorderasiatischer Archäologie oder einen gleichwertigen Leistungsausweis erworben haben, ermöglicht Ihnen ab Oktober 1997 ein Studienjahr (Oktober – Juni), am Biblischen Institut in Freiburg in der Schweiz ein

Spezialisierungszeugnis
BIBEL UND ARCHÄOLOGIE

(Elemente der Feldarchäologie, Ikonographie, Epigraphik,
Religionsgeschichte Palästinas/Israels)

zu erwerben.

Das Studienjahr wird in Verbindung mit der Universität Bern (25 Min. Fahrzeit) organisiert. Es bietet Ihnen die Möglichkeit,

☞ eine Auswahl einschlägiger Vorlesungen, Seminare und Übungen im Bereich "Bibel und Archäologie" bei Walter Dietrich, Othmar Keel, Ernst Axel Knauf, Max Küchler, Silvia Schroer und Christoph Uehlinger zu belegen;

☞ diese Veranstaltungen durch solche in Ägyptologie (Hermann A. Schlögl, Freiburg), Vorderasiatischer Archäologie (Markus Wäfler, Bern) und altorientalischer Philologie (Pascal Attinger, Esther Flückiger, beide Bern) zu ergänzen;

☞ die einschlägigen Dokumentationen des Biblischen Instituts zur palästinisch-israelischen Miniaturkunst aus wissenschaftlichen Grabungen (Photos, Abdrücke, Kartei) und die zugehörigen Fachbibliotheken zu benutzen;

☞ mit den großen Sammlungen (über 10'000 Stück) von Originalen altorientalischer Miniaturkunst des Biblischen Instituts (Rollsiegel, Skarabäen und andere Stempelsiegel, Amulette, Terrakotten, palästinische Keramik, Münzen usw.) zu arbeiten und sich eine eigene Dokumentation (Abdrücke, Dias) anzulegen;

☞ während der Sommerferien an einer Ausgrabung in Palästina / Israel teilzunehmen, wobei die Möglichkeit besteht, mindestens das Flugticket vergütet zu bekommen.

Um das Spezialisierungszeugnis zu erhalten, müssen zwei benotete Jahresexamen abgelegt, zwei Seminarscheine erworben und eine schriftliche wissenschaftliche Arbeit im Umfange eines Zeitschriftenartikels verfaßt werden.

Interessenten und Interessentinnen wenden sich bitte an den Curator des Instituts:

Prof. Dr. Max Küchler, Biblisches Institut, Universität, Miséricorde
CH-1700 Freiburg / Schweiz   Fax +41 – (0)26 – 300 9754

ORBIS BIBLICUS ET ORIENTALIS, SERIES ARCHAEOLOGICA

UNIVERSITÄTSVERLAG FREIBURG SCHWEIZ
ÉDITIONS UNIVERSITAIRES FRIBOURG SUISSE

L'Institut biblique de l'Université de Fribourg en Suisse offre la possibilité d'acquérir un

certificat de spécialisation
CRITIQUE TEXTUELLE ET HISTOIRE DU TEXTE ET DE L'EXÉGÈSE DE L'ANCIEN TESTAMENT

(Spezialisierungszeugnis Textkritik und Geschichte des Textes
und der Interpretation des Alten Testamentes)

en une année académique (octobre à juin). Toutes les personnes ayant obtenu une licence en théologie ou un grade académique équivalent peuvent en bénéficier.

Cette année d'études peut être organisée

☞ autour de la critique textuelle proprement dite (méthodes, histoire du texte, instruments de travail, édition critique de la Bible);

☞ autour des témoins principaux du texte biblique (texte masorétique et masore, textes bibliques de Qumran, Septante, traductions hexaplaires, Vulgate, Targoums) et leurs langues (hébreu, araméen, grec, latin, syriaque, copte), enseignées en collaboration avec les chaires de patrologie et d'histoire ancienne, ou

☞ autour de l'histoire de l'exégèse juive (en hébreu et en judéo-arabe) et chrétienne (en collaboration avec la patrologie et l'histoire de l'Eglise).

L'Institut biblique dispose d'une bibliothèque spécialisée dans ces domaines. Les deux chercheurs de l'Institut biblique consacrés à ces travaux sont Adrian Schenker et Yohanan Goldman.

Pour l'obtention du certificat, deux examens annuels, deux séminaires et un travail écrit équivalent à un article sont requis. Les personnes intéressées peuvent obtenir des informations supplémentaires auprès du Curateur de l'Institut biblique:

Prof. Dr. Max Küchler, Institut biblique, Université, Miséricorde
CH-1700 Fribourg / Suisse   Fax +41 – (0)26 – 300 9754

Zusammenfassung

In diesem Band wird eine Bildstele zum ersten Mal veröffentlicht, die im Juni 1997 vom «Bethsaida Excavations Project» entdeckt worden ist. Die Stele ist neben dem Stadttor von Betsaida (*et-Tell*; nördlich vom See Gennesaret) in einer Schicht des 8. Jh. v. Chr. *in situ* gefunden worden. Zusammen mit ihrem Fundkontext (Podium, Bassin, Räuchertassen, anikonische Stelen) stellt sie die komplexeste und kompletteste Kultstätte an einem Stadttor dar, die in der südlichen Levante je ausgegraben worden ist. Die ungewohnte Ikonographie der Bildstele, die figurative (Stierkopf, Schwert) und nicht figurative Elemente («Gestell», «Rosette») kombiniert, wird eingehend analysiert und mit Hilfe zahlreicher Parallelen gedeutet. Ein Überblick über vergleichbare Anlagen, zugehörige biblische und nicht-biblische Texte und ikonographische Zeugnisse erhellen, welche Rolle solche Kulteinrichtungen am Stadttor spielten. Der Fund selber wie auch seine ikonographischen und archäologischen Parallelen werden durch zahlreiche Abbildungen dokumentiert.

Summary

A stela discovered in June 1997 by the «Bethsaida Excavations Project» is published in this volume for the first time. The stela was found *in situ* near the eighth-century BCE city-gate of Bethsaida (*et-Tell,* north of the Sea of Galilee). The context in which it was found (podium, basin, tripod cups for incense burning, aniconic stelae) constitutes the most complex and complete cultic site ever found at a city gate in the southern Levant. The stela's unusual iconography, which combines figurative (bulls head, sword) and non-figurative elements («stand», «rosette»), is analysed in depth and explained with the help of numerous parallels. An overview of comparable archaeological evidence, biblical and other texts as well as iconographic documents highlights the role played by such cultic installations at city gates. Both the find itself and its iconographic and archaeological parallels are illustrated by photographs and numerous line drawings.